文脉、史脉、地脉
与湖南旅游产业的融合研究

WENMAI SHIMAI DIMAI
YU HUNAN LÜYOU CHANYE DE RONGHE YANJIU

易斌 著

北京·旅游教育出版社

序

世界旅游业快速发展的事实证明,旅游业的发展必须注重相关资源整合,形成一个大的产业群、产业链。我国幅员辽阔,山河壮丽,历史悠久,民族众多,文化内涵丰富,由此形成的旅游资源是世界上任何国家不可比拟的。湖南是我国旅游资源大省,但还不属于旅游强省,从文脉、史脉、地脉方面正确认识湖南旅游的资源优势,是将其转化为经济优势的前提条件,是建设旅游强省的重要途径。

本书理论上的创新在于将文脉、史脉、地脉与湖南旅游业的新融合,基于在融合理念下的湖南旅游业发展的新意识、新做法、新现象,逐步形成了文脉、史脉、地脉与湖南旅游业全方位融合的新概念,并且有理论分析,有实证研究,有操作方案,体现了理论的解释力和说服力。

本书在写法上的特色是"有分有合,有个案有综合"。这是由于作者长期坚持调查研究,拥有较多的第一手材料,为个案细化创造了条件。原生态的就是生动的,所以本书血肉丰满,可读性强。

本书付梓,受到多方支持,湖南省旅游局副局长刘棉松、长沙市旅游局副局长罗晓诚、湖南旅游学会副会长郑焱教授、湖南省职业教育与成人教育学会高职旅游类教学研究会会长陈涛等一批专家给予了鼓励、支持和指导。特别是长沙商贸旅游职业技术学院领导和同行在本书的写作上给予了大量帮助和具体指导。学院副院长贺华、科研处处长鲍丽雯、教务处处长崔德明和旅游管理系主任覃业银等同志非常关注和重视本书的写作,并确立框架、督促写作,甚至帮助拟定提纲,提供参考资料。在此一并致谢。

本书利用了作者长期研究的以论文形式发表了的理论成果。此外还参考了部分作者的相关研究成果,在此表示感谢。

易斌

2014 年 2 月 22 日于长沙

目 录

第一章 湖南文脉、史脉、地脉资源特征分析 ……………………… 1
- 第一节 湖南文脉、史脉、地脉资源概况 ………………………… 1
- 第二节 湖南文脉资源特征分析 …………………………………… 3
- 第三节 湖南史脉资源特征分析 …………………………………… 10
- 第四节 湖南地脉资源特征分析 …………………………………… 14
- 第五节 湖南文脉、史脉、地脉资源综合效益分析 ……………… 17

第二章 文脉与湖南旅游产业的融合分析 ………………………… 19
- 第一节 湖湘文化源流的人文脉络、特征与时代价值 …………… 19
- 第二节 湖南现当代旅游文学特征及其影响 ……………………… 24
- 第三节 湖南诗词画联的审美意蕴及其影响 ……………………… 29
- 第四节 湖南戏曲文化资源的特征及其旅游开发 ………………… 34
- 第五节 文脉与湖南旅游产业的融合综合分析 …………………… 38

第三章 史脉与湖南旅游产业的融合分析 ………………………… 40
- 第一节 长沙马王堆汉墓的旅游价值 ……………………………… 40
- 第二节 湖南省遗产旅游开发研究 ………………………………… 43
- 第三节 旅游视野中湘菜文化挖掘研究 …………………………… 47
- 第四节 紫鹊界梯田的遗产旅游价值分析 ………………………… 54

第四章 地脉与湖南旅游产业的融合分析 ………………………… 59
- 第一节 湖南地区旅游特色板块研究 ……………………………… 59
- 第二节 湖南城市旅游发展的切入点 ……………………………… 61
- 第三节 湖南乡村旅游发展的切入点 ……………………………… 66

  第四节 基于级差最大化组合方式的湖南立体生态旅游发展构想 …………… 70

  第五节 基于旅游梯度理论下的湖南旅游资源梯度分析 ………………… 75

  第六节 湖南环城游憩带休闲农业发展分析 ……………………………… 79

  第七节 湘菜美食旅游资源时空分布特征及开发策略 …………………… 85

第五章 湖南高端文脉、史脉、地脉旅游产品开发研究 ……………………… 92

  第一节 湖南高端旅游资源与产品的界定 ………………………………… 92

  第二节 湖南高端旅游资源与产品的现状与问题 ………………………… 95

  第三节 湖南高端旅游市场与消费特征分析 ……………………………… 97

  第四节 湖南高端旅游产品开发战略措施 ………………………………… 101

第六章 湖南文化创意旅游研究 ……………………………………………… 105

  第一节 湖南文化创意旅游资源优势浅析 ………………………………… 105

  第二节 发展文化旅游创意产业的条件和基本途径 ……………………… 107

  第三节 实现校园文化与企业文化的有机结合 …………………………… 110

  第四节 湖南文化创意旅游发展战略 ……………………………………… 130

第七章 文脉、史脉、地脉与湖南旅游产业融合的综合实例分析 …………… 140

  第一节 长沙市环城特色古镇群休闲旅游问题探讨 ……………………… 140

  第二节 湖南长沙靖港古镇特色旅游开发初探 …………………………… 145

  第三节 大遗址保护理论下古"潇湘八景"遗产保护问题探讨 ………… 150

参考文献 ……………………………………………………………………………… 154

第一章 湖南文脉、史脉、地脉资源特征分析

世界旅游业快速发展的事实证明,旅游业的发展必须注重相关资源整合,形成一个大的产业群、产业链。我国幅员辽阔,山河壮丽,历史悠久,民族众多,文化内涵丰富,由此形成的旅游资源是世界上任何国家不可比拟的。湖南是我国旅游资源大省,但还不属于旅游强省,从文脉、史脉、地脉方面正确认识湖南旅游的资源优势,是将其转化为经济优势的前提条件。

第一节 湖南文脉、史脉、地脉资源概况

湖南因全省大部分地处洞庭湖以南而得名,因省内最大河流湘江流贯全境而简称"湘",因自古广植木芙蓉而有"芙蓉国"之称。

全省辖14个地州市、122个县(市、区)。湖南省2011年末户籍人口为7110.34万,常住人口6568.37万,总人口年平均增长率为0.2%~0.5%。湖南是多民族省份,共有汉族、土家族、苗族、瑶族、侗族等55个民族。设有湘西土家族苗族自治州。常住人口数居全国第7位。2012年湖南省的地区生产总值达到22154.2亿元,增长11.3%,总量排名在全国第10位。全省城镇居民人均可支配收入为21319元,比上年增长13.1%。农村居民人均纯收入7440元,增长13.3%。

一、文脉资源概况

湖湘文化是中华文化的多样性结构中的一个独具特色的组成部分。近百年来,随着湖湘人物在历史舞台上的出色表演,湖湘文化已受到世人的广泛瞩目与认可。根据湖南考古发掘和先秦文献中许多史实记载,湖湘文化不仅源自千年,而且源于炎黄文化和前炎帝神农文化。《周易·系辞》将炎黄文化的基本精神高度概括为"自强不息"、"厚德载物",比喻兼有天和地的品格。这个概括不仅体现为先贤的哲学理念,更主要的是体现在

炎黄文化传统中持续作用着的基本精神,这就是勇于征服洪荒的艰苦创业精神,勤于发明科技的开拓创新精神,乐于为民造福的牺牲奉献精神,包容互补的民族大团结精神。在率先发明栽培稻的湖南先民文化传统中,还蕴含着一种惯于发扬主观能动性,敢为天下先的性格特征。这些性格和精神,一脉传承迄今,成为湖湘文化的价值取向和思维方式的基础,形成了国家、民族利益高于个人利益的集体主义价值观、突出的爱国主义传统指向以及个人对国家盛衰、民族兴亡的强烈责任感和使命感。这种价值取向也造成了湖湘文化的思维方式,即博采内外众家、广为交融、优化思维主体的开放方式。随着历史长河的前移,逐渐形成的以屈原为代表的南楚文化与以孔子为代表的儒家文化不断冲突融会,中原文化的"文雅"与群苗文化的"野蛮"这两大基因的结合,就构成了湖湘文化独特的"倔强"、"刚坚"、"峻激"的风格。

二、史脉资源概况

湖南历史悠久,在原始社会时为三苗、百濮与扬越(百越)之地,据衡阳市、宁乡县、安乡县、津市、澧县、道县和平江县等地考古挖掘出土的文物证明,湖南境内在40万年前有旧石器时期的人类活动,早在一万多年前就种植稻谷,早在五千年以前的新石器时代湖南的先民就开始过定居生活。在先秦两汉时期为楚国境地,"江南"最早在湖南得名,直至隋朝,"江南"成为今湖南为主体涵盖周边部分地区的专称。唐属江南道、江南西道,后设湖南观察使,为湖南得名的开始,宋称湖南路,元设岭北湖南道,明属湖广省,后改省为湖广布政使司,清分湖广省置湖南省,省名至今未变。

三、地脉资源概况

湖南位于江南,属于长江中游地区,东临江西,西接重庆、贵州,南毗广东、广西,北与湖北相连。湖南幅员辽阔,是我国东南腹地,土地面积21.18万平方公里,占全国国土面积的2.2%,在各省市区面积中居第10位。湖南省地处东经108°47′~114°15′,地形为东西南三面环山,中北部低落,呈蹄形。位于石门县境内的壶瓶山海拔2099米,为省内最高点,中部大都为丘陵,多宽广的盆地和谷地,北部为洞庭湖平原,地势低平,海拔大都在50米以下。省内河网密布,除少数属珠江水系和赣江水系外,主要为湘、资、沅、澧四水及其支流,顺着地势由南向北汇入洞庭湖、长江,形成一个比较完整的洞庭湖水系。湖南为大陆性亚热带季风湿润气候,气候具有三个特点:第一、光、热、水资源丰富,三者的高值基本同步。第二,气候年内变化较大。冬寒冷而夏酷热,春温多变,秋温陡降,春夏多雨,秋冬干旱。气候的年际变化也较大。第三,气候垂直变化最明显的地带为三面环山的山地。尤以湘西与湘南山地更为显著。湖南年日照时数为1300~1800小时,热量丰富。年气温高,年平均温度在15~18℃。湖南冬季处在冬季风控制下,而东南西三面环山,向北敞开的地貌特性,有利于冷空气的长驱直入,故一月平均温度多在4~7℃,无霜期长达260~310天,大部分地区都在280~300天。年平均降水量在1200~1700毫米,雨量充沛,为我国雨水较多的省区之一。

第二节 湖南文脉资源特征分析

一、湖南文脉特色分析

(一)人文环境浓重

三湘四水的灵动多彩,孕育着激越冲突型的文化思想。湖南三面环山,一面临水,是一块马蹄形的地域。冬季:凛冽的西伯利亚寒潮滚滚南下,长驱直入湖南全境,达南岭的脚下郴州永州一线,被阻于南岭;夏季:南方的阳光烈日加上湘北洞庭湖水面的蒸发,使三湘大地热气郁积而不得散发,致使盛夏酷暑可达41℃,夜晚的气温仍可高达33℃。春秋两季:三湘大地时而受西北的冷锋控制,时而受西南暖湿气流的影响,故气候多变,时晴时雨,骤冷骤热。因此,尽管湖南号称为"鱼米之乡",自古却属于居住条件恶劣的荒蛮之地,以至于贾谊分配到长沙作王太傅,自视为流放而痛苦早逝。在古代相对于中原地区来说是信息比较闭塞的地方,但另一方面又是"艰难困苦,玉汝于成"的地方。古人云"深山大泽,实产龙蛇",锻炼了人的坚强勇毅的性格。环境的闭塞,培育了人的独立思考,不随人俯仰的精神。汉代以后,湖南逐步开发,虽然成了鱼米之乡和粮仓,三湘人民祖祖辈辈所感受到的气候的恶劣,冬寒夏暑,春秋两季变化无常,培养了湖南人认同天道变化无常的道理和不屈的奋斗精神。如楚辞中的《离骚》《天问》《招魂》,湘楚巫文化中的祭祀,长沙马王堆汉墓中的漆画等,其不同于黄河流域文化的最大特点就是不追求对称和工稳,而是更跳跃、更激情,特别是表现出对天道无常变化的疑问、适应和反抗精神。两千多年过去了,湖南的地理和自然环境依旧,则从屈原到欧阳询、怀素,到王船山、魏源、曾国藩、左宗棠、彭玉麟、胡林翼,到谭嗣同、王闿运、齐白石,到黄兴、蒋翊武、蔡锷、毛泽东,这种情怀和精神一以贯之。湖南在湘工作和湘籍的两院院士达151人,其中包括

"杂交水稻之父"袁隆平、成功培育出四倍体鱼的鱼类繁殖生理学家刘筠、新材料专家黄伯云、中国第一个研究试管婴儿的遗传学家卢光琇等世界顶级科学家。这些科学家研制成功了杂交水稻、世界运算速度最快的巨型计算机"天河一号"、世界输送高度之最的"三一"输送泵等世界领先的产品。我们在面对湖湘文化的时候,决不能低估了这种环境对湖湘文化的影响。

(二)精神力量巨大

湖湘文化的基本精神是什么?概括为以下四个方面:"淳朴重义","勇敢尚武","经世致用","自强不息"。"淳朴",即敦厚雄浑、未加修饰、不受拘束的生猛活脱之性。"重义",即强烈的正义感和向群性。"勇敢尚武",即临难不惧、视死如归的精神。二者融贯,构成了湖湘文化独特的强力特色,具有鲜明的英雄主义色彩。也就是钱基博先生所说的:"湖南人所以为湖南人,而异军突起以适风土者,一言以蔽之曰强有力而已。""经世致用",即重视实践的务实精神,是实践理性与"天下兴亡,匹夫有责"的参与意识的集中体现,这一普遍性范畴一旦与英雄主义相结合,就成为一种"当今天下,舍我其谁"的"敢为天下先"的豪迈气概,给湖湘文化提供了明确的奋斗目标。"自强不息"是"天行健"的宇宙精神的基本形态,而在湖湘文化中,则将它列为"人极"的范畴,视为文化的"极则"。这就赋予了湖湘文化独特的哲学依据。正是由于这点,湖湘文化具有了"独立不羁,遁世不闷"的特殊品格。具体表现在:一是湖湘文化的政治意识极为强烈。从宋代湖湘学派创立时起便已形成的经世致用的学风在湖南士人中代代相传,它强调理论联系实际,尤其注重解决现实中的实际问题。故此也就造就成了湖湘文化中的政治意识极为强烈的现象。二是湖湘文化中的爱国主义传统尤为突出。最早在湖湘大地奏响爱国主义乐章的是屈原,继为贾谊。三是湖湘文化中蕴藏着一种博采众家的开放精神与敢为天下先的独立创新精神。"海纳百川,有容乃大",湖湘文化在长期的历史发展中,之所以能够成为一种独具特色的区域文化,就在于它具有博采众家的开放精神。

(三)内容极其丰富

湖湘哲学思想:湖湘哲学思想,以宋代胡安国为开创者,历胡宏、张栻、王船山、曾国藩、谭嗣同、杨昌济,以至毛泽东,形成了自己独特的风格;以理学的道德精神与经世致用的实事实功相结合,这种学术文化的特色一直延续到近代……近代史上湖南人才辈出,虽然他们的政治立场可能很不相同,但其讲理想、重经世的学术文化风格却是一致的。

湖湘文学艺术:秉承着屈原忧国忧民的文学传统和胡安国"经世致用"的哲学传统,湖湘文学艺术具有"文道合一"的明显特点。以曾国藩为首的"湘乡文派",就是该特色的代表。这一特点,在毛泽东身上也鲜明地反映出来。

湖湘史学:经世致用的哲学思想,也在湖湘史学中反映出来。湖湘史学具有以下明显特点:第一,经史并重。以经义作为批判历史的最高依据,述史是为了阐发经书意蕴,阐发经书内蕴是为了维护历史传统。第二,说古是为了道今,批判以往是为了针砭时弊。研究历史并不是为学术而学术,而是检讨兴亡教训,寻求国家中兴和救亡图存的历史借鉴。这种为经世致用而重视史学的精神,为当前政治服务而重视史学的传统,影响了湖湘史学的发展方向。

湖湘教育:湖湘教育大兴于宋代,历时千年而形成了自己独特的传统——重视学思并重与知行统一,重视独立思考与理性批判。岳麓书院就是此一传统的见证与代表。

湖湘宗教:湖湘文化对宗教采取了"兼容并蓄"的态度,南岳大庙中的佛道儒共处就是典型事例。对于后者,湖湘文化采取坚决的批判态度。湖湘学者从宋代的湖湘学派开始,都主张"入世",坚持"实学",强调"学以致用",所以都从社会学与认识论的角度对宗教进行过批判。特别是对于基督教的阴谋活动,抵制尤力。湖南是我国近代"教案"最多的地区。抵制洋教成了全地区的一致活动。

湖湘民俗民风:湖湘是我国民族最多的地域之一。在漫长的岁月里,各个民族由于历史沿革、居住地域、生产方式和宗教信仰等的不同,孕育了丰富多彩的传统习俗和民族风情,又互相渗透,彼此影响,汇合而成一种个性鲜明独具一格的湖湘民俗文化。

湖湘科学技术:由于对实践与实用的重视,湖湘科学技术素称发达。早在商周,青铜冶炼已具相当规模。近代的锑都,更为全国冶炼之冠。马王堆出土文物之精美,令人叹为观止。它们从各个不同的角度,将湖湘文化独特的科学品格尽显无遗。

二、湖南文化产业发展现状

(一)文化产业总量稳步扩大

自2006年湖南省第九次党代会提出文化强省战略以来,湖南就把这一战略放在富民强省的大局中推进。7年来,湖南文化创意产业年均保持在20%左右的增幅,2008年总产出突破千亿元大关,2012年总产出约2730亿元,增加值约1175亿元,占全省GDP比重达5.2%,蓬勃发展的文化产业已成为湖南重要支柱产业之一。据不完全统计,2011年湖南文化产业法人单位实现增加值总量居全国第8位,文化产业增加值(法人单位)占GDP的比重居全国第6位,仅次于京粤闽沪浙等5省市,湖南文化产业人均创造增加值(法人单位)15万元,仅列北京之后,居全国第2位。

（二）产业品牌影响力不断提升

文化产业已经成为湖南重要的支柱产业、千亿产业和战略性新兴产业。以广电湘军、出版湘军、动漫湘军、演艺湘军为代表的文化湘军品牌在全国脱颖而出。2006年到2012年，《中国文化品牌报告》共发布322个文化品牌，其中"湘字号"文化品牌36个，占11%。目前，湖南培育了诸如中南传媒、天舟文化、湖南卫视、宏梦卡通等知名文化品牌，"广电湘军"、"动漫湘军"、"出版湘军"也成为湖南一张张响亮的名片。此外，湖南省目前共有国家示范园区1个、示范基地9个，园区基地总产值达到25亿元。文化产业经济带来的品牌效应日益凸显。

（三）文化产业链各环节全面发展

文化产业包括文化产（用）品设备制造业、文化产（用）品设备批零业和文化服务业三个环节。在整体规模不断扩大的同时，产业链各环节均保持两位数增长：2012年仅长沙文化产（用）品设备制造业拥有资产162.0亿元，同比增长28.4%，实现增加值160.7亿元，同比增长19.4%；文化产（用）品设备批零业拥有资产109.1亿元，同比增长31.2%，实现增加值64.1亿元，同比增长21.3%；文化服务业拥有资产672.2亿元，同比增长17.9%，实现增加值331.7亿元，同比增长10.0%。

（四）行业文化发展亮点纷呈

在"突出自身特色，谋求错层竞争"方针的指导下，2012年全省文化产业各行业进一步筑牢基础巩固优势，主要表现在：一是广播影视业精品不断。湖南广播影视业在整体规模扩大的同时，精品不断呈现。如长沙市和光传媒联手省话剧院、市歌舞剧院、市花鼓戏保护中心和市湘剧保护中心倾情打造的《毛泽东》和《长沙保卫战》有效激发演艺资源活力，进一步加速和光传媒向打造中南地区最大影视拍摄基地发展。而湖南卫视于2013年新推出的《我是歌手》大型综艺节目收视率更是一路飘红，其总播放量累计接近7亿次，连续十三期获全国同时段收视率排名第一。二是娱乐休闲业形式多样。如长沙市魅力四射、金色年华、玛格丽特和F1本色等一批特色各异的酒吧打造了长沙独具风格的酒吧一条街，以田汉大剧院、湖南大剧院、琴岛文化娱乐传播、欧阳胖胖等为主的演艺中心提供了种类繁多的艺术欣赏，而以世界之窗、海底世界、烈士公园、南郊公园和沩山漂流等为主的休闲游玩场所为长沙提供了又一种娱乐休闲方式。

（五）开辟了文化产业新业态

2012年，在服务业现代化、专业化和品牌化大力推进的背景下，全省新兴文化服务业发展迅速。如在媒体新业态方面，主要表现为"快乐购"、手机动漫、数字出版和广电新业态的蓬勃发展;在娱乐演艺新业态方面,主要表现为演艺歌厅的火热与民族演艺的兴起;在旅游新业态方面,主要表现为会展旅游、红色旅游、生态旅游、乡村旅游等的推广。如凭借高科技提供展示展览、建筑模型和三维动画等业务的湖南华凯创意展览服务有限公司营业收入同比增长128.6%,利润总额同比增长93.8%,且上述三项业务均跃升为全国同行业前三甲。湖南电视台创办的"快乐购"频道,成为省广电集团旗下的国内第一家全国连锁、电视直播的购物公司,开播10个月就实现销售收入2.65亿元。这一创新,为广电集团找到了新的盈利模式和经济增长点,改变了省广电集团收入主要来自广告的传统模式,也成为全省文化产业发展中的一个亮点。

三、文化产业对湖南经济社会发展的贡献和影响

(一)文化产业增势强劲,成为经济增长的新亮点

改革开放以来,湖南经济始终保持了快速增长势头。1979年至2012年间,湖南GDP年均增长达到9.4%,经济总量不断迈上新台阶。与此同时,湖南文化产业进入快速发展时期,在经济增长中的地位和作用不断增强,成为推动湖南经济增长的新亮点。以湖南传媒为主体的湖南文化产业总产值,在全省GDP中的比重已超过5%,领先北京、上海、广东等经济发达地区,成为湖南经济发展新亮点。

湖南文化产业贡献率日益提高。如2012年长沙文化产业增加值同比增长13.8%,文化产业增加值占GDP比重为8.7%,高于全省平均水平3.3个百分点;文化产业吸纳就业人员53.7万人,比上年增加0.6万人,文化产业从业人员占全社会从业人员的比重为12.0%,占第三产业从业人员的比重为28.3%。

(二)文化产业的发展创造了供给,文化消费成为扩大内需的新亮点

文化产业通过创造文化产品和服务的供给来培育和创造消费需求,从而拉动人民群众对文化产品和服务的需求,促进城乡居民文化娱乐消费不断增加。随着人们收入水平的提高和生活质量的改善,文化消费日渐纳入公众一般生活需求之中。据调查显示,2012年长沙城镇居民人均文化消费支出1333.8元,同比增长12.0%,占全年人均消费总支出的6.9%,较上年提高0.2个百分点;农村居民人均文化消费支出406元,同比增长28.9%,占全年人均生活消费总支出的4.0%,较上年提高0.3个百分点,占全年人均可支配收入的2.7%,较上年提高0.2个百分点。

四、湖南文化产业发展的制约因素分析

(一)文化核心产业实力有待进一步提升

核心层文化产业是整个文化产业的核心部分,虽然湖南省文化产业发展快,但分析文化产业构成,不难看出其中的薄弱环节。2012年全省文化产业中"核心层"、"外围层"、"相关层"的增加值之比为29.9:31.1:39,与全国文化产业平均水平42:18:40相比,"核心层"所占份额低于全国平均水平,"外围层"比重较大。

(二)文化产业地区分布高度集中,地区发展不平衡

湖南14个市州文化产业发展不平衡,长沙是湖南省的省会,是全省政治、经济、文化的中心,2012年长沙GDP占全省的比重为23.8%,而长沙文化产业增加值占全省的比重高达50.8%,一点一线经济带的六城市文化产业增加值占全省的比重超过70%,其他8个市州不到30%,张家界、湘西、怀化等具有旅游、文化优势的地区的文化产业占全省的比重不到5%。

(三)利用、挖掘文化资源不足

湖湘文化源远流长、博大精深,其鲜明的地域特色具有较大的经济开发价值。目前,湖南文化产业生产能力不足,部分文化资源闲置,文化活力没有充分体现,文化市场还有待进一步拓展。

(四)文化产业结构亟待调整

从全市文化产业发展情况看,长沙市文化产业总体规模虽逐年扩大,但科技含量和附加值较高的行业占比偏小。如2012年全市文化休闲娱乐业增加值占全部增加值的23.3%,而附加值较高的技术密集型产业如数字出版、广告、会展等新兴行业占比较低,仅为1.9%,低于文化休闲娱乐业增加值占比21.4个百分点。

(五)文化科技融合度有待提高

伴随信息技术的快速发展,数字化、网络化、智能化的社会格局将左右文化产业发展的方向。如2012年长沙文化产业法人单位4015个,其中与高新技术产业交叉企业法人58家,占全市高新技术产业企业数的7.8%,占全部文化产业法人单位的1.4%。2012年全市规模以上工业企业2263家,其中开展研究与试验发展(R&D)活动的企业356家,占比为15.7%;而规模以上工业企业中属于文化产业的单位509家,其中开展研究与试验发展(R&D)活动的企业25家,占比4.9%,低于全部规模以上工业企业R&D活动企业占比10.8个百分点,文化企业开展科技活动的空间还有待挖掘。

五、提升湖南文化产业竞争力的途径

(一)积极推进文化体制改革

湖南省文化产业在发展过程中不断寻求体制创新,先后成立了湖南出版集团、湖南广播影视集团、湖南日报报业集团等大型文化产业集团,初步理顺了管理体制。体制问题仍然是文化产业发展的首要问题,体制不活,文化市场不可能活,文化产业也就不可能有跨越性发展。因此,要加快湖南文化产业的发展,必须继续加快文化体制改革,解决目前束缚文化事业和文化产业发展的各种弊端,理顺政府与文化企业单位的关系,将工作重点放到培育文化市场、营造宽松和谐的文化发展环境上来。避免低水平重复建设和文化资源的浪费,加强对不可再生性文化、文物资源的有效保护,坚持以人为本,保证经济效益与社会效益的双赢,促进文化产业的可持续发展。

(二)优化文化产业结构,实现产业升级

湖南文化产业已经有了相当的基础,但文化产业结构仍以传统文化产业为主,客观上要求实现产业升级。要相应地调整文化产业的投资结构,投资项目的选择方面,重点、优先发展成长性好、附加值高、相关性大、核心竞争力强,且具有一定优势的产业。找准文化产业的发展方向,创造条件,在最有市场潜力的新兴文化产业中开辟领域,拓展空间,增加高新技术文化企业在文化产业结构中的比重,扶持具有自主知识产权的文化产品,创造文化产业新业态,生产出更多的思想精深、艺术精湛、制作精美、丰富多彩的文化精品,促进湖南文化产业的快速发展。

(三)加快经济发展,努力提高居民的文化消费水平

文化产业的发展与经济发展是紧密相连的。通常情况下,经济越发展,人民的收入水平越高,人民的消费能力和追求生活质量的要求就越高,用于反映生活质量提高的文化娱乐休闲服务等非物质消费支出的比重就越高,因而要求社会提供的文化娱乐用品及服务就越多,最终势必促进文化产业的快速发展。要围绕经济发展来发展文化产业,只有不断地加快经济发展,不断提高人民的收入水平,增强消费能力,才能为文化产业的加快发展提供保障。

(四)发挥地区优势,充分利用文化产业资源

湖南历史文化资源十分丰富,但所实现的商业价值与之不匹配,在文化资源的利用方面还很有潜力。近年来,文化旅游业发展快,湖南应着力研究全省各地区文化内涵,发挥区域人文地理优势,使自然风光、人文景观、历史文化、宗教文化、民间文化和现代文化相互渗透,打造文化旅游业特色品牌。

第三节　湖南史脉资源特征分析

一、历史遗存丰厚

1. 发展简史

湖南历史悠久,旧石器时代有人类活动,古为苗人、越人和楚人的生活地区;西周时期为楚国南部;唐广德二年(764年)首置湖南观察使,至此中国行政区划上开始出现湖南之名。

湖南省现行行政区域在周朝为荆州南境,春秋战国时期纳入楚国版图。秦统一中国后,实行郡县制,湖南地区设置有黔中郡、长沙郡。

西汉实行州、郡、县三级制,与封国并行。湖南境内设有武陵郡、桂阳郡、零陵郡和长沙国。王莽新朝曾废长沙国改立长沙郡,桂阳郡改南平郡,武陵郡改建平郡,零陵郡改九嶷郡。东汉时恢复原郡名,但长沙不再立国而保留长沙郡。

三国时期,湖南地区为蜀汉和东吴角逐之所,零陵、武陵郡属蜀,长沙、桂阳郡属吴。后零陵、武陵郡归入东吴版图,并增置南郡、临贺郡、衡阳郡、湘东郡、天门郡、昭陵郡6郡。

西晋时,湖南分属荆州、广州。东晋偏安江左,湖南分属荆州、湘州和江州。南朝宋、齐和梁前期,湖南分属湘州、郢州和荆州。陈朝时湖南分属荆州、沅州、湘州。

隋朝裁并州、县,改州、郡、县三级制为郡县二级制。湖南省境设8郡:长沙郡、武陵郡、沅陵郡、澧阳郡、巴陵郡、衡山郡、桂阳郡、零陵郡。

唐初改郡为州,武德四年置潭州总管府,管辖潭州、衡州、永州、郴州、连州、南梁州、南云州、南营州8州。武德七年改总管府为都督府,统辖潭州、衡州、永州、郴州、连州、邵州和道州。太宗朝始设道,道下设州(或郡),州下为县。湖南分属山东南道、江南西道和黔中道,黔中道黔州都督府。广德二年又置湖南观察使,湖南之名自此始。

五代十国时期,马殷据有湖南,立楚国,国都为长沙府。楚分其所辖地为28州1监,在湖南境有13州1监:潭州、岳州、郴州、朗州、辰州、溪州、邵州、锦州、澧州、叙州、衡州、永州、道州和桂阳监。

宋朝分全国为路,路下设州、府、军、监,各辖若干县。湖南分属荆湖南路和荆湖北路。

元代实行行省制度。湖南属湖广行省,分 14 路 3 州:岳州路、常德路、澧州路、辰州路、沅州路、靖州路、天临路、衡州路、道州路、永州路、郴州路、宝庆路、武冈路、桂阳路、茶陵州、耒阳州、常宁州。元朝政府还在今湘西少数民族聚居地实行土司制度,置有十多个长官司或蛮夷长官司,分别隶属思州军民安抚司、新添葛蛮安抚司和四川行省永顺等处军民安抚司管辖。

明朝行省设布政使司,后改为承宣布政使司。省下为府(州),府下设县,实行省、府(州)、县三级制。湖南属湖广布政使司,辖地在今湖南境的有 7 府、2 州、2 司:岳州府、长沙府、常德府、衡州府、永州府、宝庆府、辰州府、郴州、靖州、永顺军民宣慰使司、保靖州军民宣慰使司。

清朝地方政权实行省、道、府(直隶厅、直隶州)、县(散厅、散州)四级制。康熙三年置湖广按察使司,湖广右布政使、偏沅巡抚均移驻长沙。湖广行省南北分治,湖南独立建省。长沙、衡州、永州、宝庆、辰州、常德、岳州 7 府,郴、靖 2 州由偏沅巡抚直接管辖。雍正二年,偏沅巡抚易名湖南巡抚。至此,现行的湖南省行政区域作为独立的地方一级政权组织才基本确立下来。

清代湖南总计分 4 道、9 府、4 直隶州、5 直隶厅(不辖县)。直隶州、直隶厅直接隶属道与省,而不由府管辖。县以外设有散厅、散州,受府节制,相当县一级。湖南有散州 3 个,散厅 1 个。作为基本行政单位的县和散州、散厅,包括不辖县的直隶厅和直隶州在内,共有 77 个单位。

民国二十六年(1937 年)12 月普遍设立行政督察专员公署,全省划为九区;1938 年全省调整为 10 个行政督察区;1940 年 4 月全省调整为 10 个行政监督区,各区辖 6~10 县不等,并成立长沙市(1933 年)、衡阳市(1942 年)两市。民国三十八年(1949 年)国民政府退守台湾以前,全省有 2 市、10 行政监督区、77 县,湖南省政府驻长沙。

中华人民共和国成立以后,初期设置长沙(1949)、株洲(1951)两个省辖市,长沙、衡阳、郴县、常德、益阳、邵阳、永州 7 个直属专区,湘西行政区及所辖永顺、沅陵、会同 3 个专区。2002 年末,全省共计划分为 14 个地区(13 地级市和 1 自治州),122 个县级行政区包括 34 个市辖区、16 个县级市、65 个县和 7 个自治县。

2. 重要历史事件

1852 年,曾国藩受命在湘组建湘军,镇压太平天国。1898 年,湖南是唯一支持"戊戌变法"的省份。1899 年和 1904 年,岳阳、长沙先后被开辟为商埠,常德、湘潭增列为"寄港地"。1903 年,黄兴创立华兴会,成为同盟会和国民党的主要创始人之一。1926~1927

年,北伐战争期间,湖南农民运动声势最为浩大,农会成员发展到600万人。1936年,粤汉铁路全线通车。抗日战争期间,中国军队在湖南省境内进行过几次极其惨烈的抗击日军的战役,包括衡阳战役、衡阳会战、长沙会战和常德会战等。1938年,在"焦土抗战"的口号下,半个长沙毁于文夕大火,1944年衡阳毁于衡阳保卫战,全城仅剩三栋残墙。

3. 湖南十大遗址

(1)炎帝陵

位于株洲市炎陵县,始建于何时已无法考证,但据史书载当不晚于五代前。整个陵区处于群山环围之中,洣水在山下缓缓流淌,林荫浓郁,氛围静谧,景色幽中透雅。是全国重点文物保护单位。

(2)舜帝陵

位于宁远县城南30公里的九嶷山,规模宏大,建筑雄伟,为宫殿式四进布局。午门、拜殿、正殿、寝殿依次递进,重檐斗拱,气势恢宏。舜帝陵是中华民族杰出始祖、"五帝"之一的舜帝之陵寝。它是被我国陵墓史料《陵墓志》记载的"最古老的陵墓"。

(3)里耶古城遗址

位于湘西龙山县,里耶古城遗址内取出了近3万枚秦简,因此开始为世界所了解。古城的发现,填补了湘西地区乃至全国秦汉时期古城,尤其是秦代古城考古的空白。

(4)马王堆汉墓出土文物

马王堆汉墓位于长沙市芙蓉区马王堆乡,共有3座墓,分别是西汉初期长沙国丞相轪侯利苍及其妻、儿的墓。马王堆汉墓出土文物不但品种繁多,且极为珍贵,艺术性高、实用性强,引起了全世界的关注,轰动了海内外。

(5)岳阳楼

屹立在洞庭湖畔,是我国古建筑中的瑰宝,自古有"洞庭天下水,岳阳天下楼"之誉。岳阳楼的出名,在很大程度上是由于北宋著名文学家范仲淹(989~1052年)写了一篇不朽的散文《岳阳楼记》。

(6)浯溪摩崖石刻

位于永州市祁阳县,此处苍崖石壁,濒临湘江,巍然突兀。浯溪露天摩崖,为南国摩崖第一家,具有丰富的文化内涵,历时千百年,享誉海内外。

(7)岳麓山风景名胜区

系国家级重点风景名胜区。位于古城长沙湘江西岸,由丘陵低山、江、河、湖泊、自然动植物以及文化古迹、近代名人墓葬、革命纪念遗址等组成,为城市山岳型风景名胜区。

其中麓山景区系核心景区,景区内有岳麓书院、爱晚亭、麓山寺、云麓宫、新民学会景点等。

(8)南岳衡山风景名胜区

我国著名的五岳之南岳,自古天下闻名,尤以壮美的自然风光和佛、道两教形成的人文景观著称。衡山有72峰,南起衡阳市城南的回雁峰,北止长沙市的岳麓山,峰峰秀丽,峰峰神奇,在湖湘大地上逶迤800公里。南岳景区面积达85平方公里,林木繁茂,终年翠绿,奇花异草,四时郁香,素有"五岳独秀"之称。

(9)凤凰古城

凤凰古城位于湘西凤凰县,古城分为新旧两个城区,老城依山傍水,清浅的沱江穿城而过,独具特色的古建筑保存完好,吊脚楼、石板街充满了民族风情。

(10)韶山毛泽东故居

坐落在苍松翠竹的韶山冲中,距长沙市104公里,是一座土墙灰瓦的普通农舍。从故居堂屋转过右厢房、卧室、廊檐和碓屋之间,可看到毛泽东的全家照、日常器皿和各种农具,其中陈列着毛泽东少年时期用过的肩担、水桶、锄头等。

二、红色旅游资源丰富

(一)"湖南八景"旅游资源

"湖南八景"是:①湘潭市韶山毛泽东故居和纪念馆;②长沙市红色旅游系列景区(点)——宁乡县花明楼刘少奇故居和纪念馆、浏阳市文家市镇秋收起义会师旧址纪念馆、长沙县开慧乡杨开慧故居和纪念馆、岳麓山景区;③湘潭市湘潭县彭德怀故居和纪念馆;④岳阳市红色旅游系列景区(点)——平江县平江起义旧址、汨罗市任弼时故居;⑤郴州市宜章县湘南暴动指挥部旧址;⑥衡阳市衡东县罗荣桓故居;⑦张家界市桑植县贺龙故居和纪念馆;⑧湘西自治州永顺县湘鄂川黔革命根据地旧址。

(二)"湖南八景"旅游资源开发价值的评析

1."湖南八景"旅游资源的分析评价

(1)伟人故里。主要指毛泽东故居和刘少奇故居,他们是打造湖南红色旅游经典品牌的灵魂所在。

(2)名人故居。在"湖南八景"中,除了以上介绍的毛泽东故居和刘少奇故居外,还有开慧乡杨开慧故居、湘潭县彭德怀故居、汨罗市任弼时故居、衡东县罗荣桓故居、桑植县贺龙故居等。

(3)名人纪念馆。韶山毛泽东同志纪念馆位于韶山冲引凤山下,坐南朝北,引凤山为韶山山脉落脉。这些纪念馆大多陈列整齐、展品丰富,既有图片与文字说明,又有珍贵的历史史料,还有中央领导人的题词等,是进行革命传统教育和精神文明教育的重要阵地。

(4)历史事件遗址。主要有浏阳市文家市镇秋收起义会师旧址及其纪念馆,岳阳市平江县平江起义旧址,郴州市宜章县湘南暴动指挥部旧址。湘西自治州永顺县湘鄂川黔革命根据地旧址。这些历史事件所展现出来的光荣革命传统,不仅是对广大中小学生进行爱国主义革命传统教育的生动课堂,而且激励着广大群众继承和发扬老一辈无产阶级革命家的光荣传统,为建设社会主义现代化事业而不懈奋斗。

2."湖南八景"旅游资源开发价值的总体评价

旅游资源的价值主要包括美学、观赏、文化、科学、经济、社会等价值及功能。旅游资源的价值和功能关系到该地旅游资源的地位、意义、开发规模等级、市场指向等,进而影响到开发和保护的前景。而旅游资源的开发价值是指旅游资源用于开发、发展旅游业,满足旅游者消费需求,进而获取正效益的价值。旅游资源价值并不等同于旅游资源开发价值,前者只是后者的决定因素之一。"湖南八景"中,旅游资源级别大、旅游资源吸引力强、旅游资源价值大的景区主要是韶山毛泽东故居和纪念馆、花明楼刘少奇故居和纪念馆、湘潭县彭德怀故居和纪念馆,前两者都是国家首批4A级景区,后者则是3A级景区。三者地域联系紧密,旅游开发条件良好,适宜实行区域联合战略,打造区域强势品牌。这些因素综合起来使这三大景点在"湖南八景"中的旅游资源开发价值独占鳌头。因此,"湖南八景"又可借机打造以韶山为代表的湖南红色旅游精品工程。"湖南八景"中的其他景区的旅游资源开发价值虽然稍欠优势,但其作为"湖南八景"乃至湖南红色旅游整体中的重要组成部分,其旅游开发中所能体现的政治教育、经济发展、文化传播等价值与功能,仍然不可低估。

第四节 湖南地脉资源特征分析

一、湖南地脉概况

地貌按成因可分为:以流水地貌为主,占全省总面积的64.76%;岩溶地貌次之,占25.97%;湖成地貌最小,仅占2.88%;水面积占6.39%。按组成物质(不含水域)分沉积岩(包括砂质岩、碳酸盐岩、红岩、第四纪松散堆积物)地貌为主,占总面积的57.75%;变质岩类地貌次之,占24.99%;岩浆岩类地貌,仅占8.87%。按海拔高度(含水域)分,以300米以下地貌为主,占全省总面积44.27%;300米到500米地貌次之,占22.58%;500~800米地貌占18.43%;800米以上地貌占11.72%。按形态分,山地(含山原)占全省总面积51.22%,丘陵占15.40%,岗地占13.87%,平原占13.11%,水面占6.39%。全省以山地和丘陵地貌为主,合占总面积的66.62%。全省可划分为六个地貌区:湘西北山原山地区、湘西山地区、湘南丘山区、湘东山丘区、湘中丘陵区、湘北平原区。

二、自然资源特色

1. 基本特色

湖南自然资源具有丰富多彩与精品突出相结合、普遍分布与相对集中相结合、四季皆宜与精彩时段相结合、全面适应与特色发展相结合的特点。

2. 矿产资源种类甚多

世界已发现的160多种矿藏中,湖南有140多种。其中钨、锑储量居全国之首。铋、锌、铅、锡及萤石、重晶石、海泡石、石墨等储量也在全国前列。故有"有色金属之乡"、"非金属矿之乡"美称。

3. 湖南动、植物资源丰富,覆盖面广

有国家重点保护的珍稀动物40多种,植物70多种。特别是尚存世界罕见的植物"活化石"——银杉、水杉、水松、银杏和珙桐。

4. 农业旅游潜力大

湖南是一个农业大省,自古以来就享有"九州粮仓"、"鱼米之乡"的美誉。湖南农林特产丰富多彩,盛产湘莲、湘茶、油茶、辣椒、苎麻、柑橘、湖粉等。湘莲是有3000多年历史的著名特产,产量历来居全国首位。湖南为中国四大产茶省之一。岳阳是中国黄茶之乡,其中最著名的茶叶品种"君山银针",是中国十大名茶之一、岳阳君山独产。另有著名的茶中奇珍(贡茶)——三叶虫茶。湖南的主要农产品在全国占有重要位置,粮食产量居全国第七位,稻谷产量居全国第一位,苎麻产量居全国第一位,茶叶产量居全国第二位,柑橘产量居全国第三位。著名土特产有黄花、湘莲、生姜、辣椒等。畜牧业和养殖业产量也位居全国前列。在家畜家禽中,以宁乡猪、湘东黑山羊、临武鸭等最为著名。湖南水产品生产的天然条件较好,鱼类资源共160种,经济价值较大的水生植物有莲、菱、席草、蒲草和芦苇等。

5. 品牌初现

（1）一个旅游龙头：张家界

（2）五大特色区域

①湘中名城名人、温泉休闲旅游区

区域范围：包括长沙市城区的公园、景点、城郊的度假村，宁乡的灰汤温泉、花明楼、沩山，浏阳大围山、道吾山等，湘潭的韶山、昭山和湘乡水府庙库区等，益阳的桃花江美人窝、洪山竹海、鱼形湖、四方山，沅江南洞庭湖湿地保护区等。

②湘西山水风光、民俗风情旅游区

区域范围：包括张家界市所属各县区主要景区、景点；湘西自治州的永顺猛洞河——王村——不二门景区和德夯民俗村景区及凤凰古城、龙山皮渡河、古丈栖凤湖等；怀化市城区的钟坡、中国侗文化城（待建）等主要景点，芷江抗日受降城、洪江黔城芙蓉楼、通道侗族民俗村等；常德市的石门夹山、壶瓶山、桃花源、鼎城区花岩溪及柳叶湖等。

③湘北水乡名楼、龙舟文化旅游区

区域范围：包括岳阳市城区的岳阳楼、南湖等主要景区和君山、团湖，岳阳县的张谷英村、汨罗市的屈子祠及大云山、铁山等。

④湘东南宗教祭祖、游湖狩猎旅游区

区域范围：包括衡阳市城区和南岳；株洲市城区，株洲县大京湖、炎陵县的炎帝陵；娄底的冷水江、涟源湄江、水府庙库区、双峰曾国藩故居；郴州市城区各主要景区及五盖山、东江湖、仰天佛、莽山等。

⑤湘西南丹霞景观、南国草原旅游区

区域范围：包括永州城区各主要景区及宁远九嶷山、文庙，祁阳浯溪，江华瑶族风情，江永千家峒，道县，东安舜皇山，邵阳的城步南山，新宁崀山，武岗云山等。

（3）十四个专项旅游产品

①龙舟竞渡（岳阳南湖和屈子祠）；

②民俗风情（张家界、湘西德夯民俗村、永顺王村、怀化侗文化城（在建）、通道皇都侗文化村、岳阳张谷英村、江华瑶族盘王城等）

③名人故里（韶山和花明楼、曾国藩、蔡伦、齐白石、王船山、魏源故居）

④生态漂流（永顺猛洞河、张家界茅岩河、东江、莨山扶夷江）

⑤南国狩猎（郴州五盖山、东安舜皇山）

⑥温泉休闲（宁乡灰汤、汝城热水、暖水、永顺不二门）

⑦宗教朝圣(南岳衡山等)

⑧寻根祭祖(炎帝陵、舜帝陵)

⑨水上游乐(洞庭湖、东江湖、水府庙库区、五强溪库区)

⑩修学访古(岳麓书院、屈子祠、省博物馆、走马楼竹简、常德城夹山遗址、岳阳楼、船山学院、永州浯溪碑刻、宁远文庙、凤凰古城)

⑪赏荷采莲(岳阳团湖)

⑫桃花览胜(常德桃花源和益阳桃花江)

⑬溶洞奇观(张家界黄龙洞、九天洞、冷水江波月洞、郴州万华岩等)

⑭草原放牧(城步南山、郴州骑田岭牧场)

(4)四个国家级风景名胜区:岳阳楼—洞庭湖、武陵源、韶山、南岳

(5)二十二个国家级文物保护单位:秋收起义文家市会师旧址、黄兴故居、刘少奇故居、岳麓书院、长沙铜官窑遗址、谭嗣同故居、任弼时故居、平江起义旧址、岳阳楼、常德铁经幢、城头山遗址、溪洲铜柱、龙兴寺、向警予故居、马田古迹、毛泽东故居、炎帝陵、南岳忠烈祠、浯溪摩崖石刻、宁远文庙、湖南年关暴动指挥部旧址、魏源故居

(6)二十三个国家级森林公园:长沙天际岭、浏阳大围山、岳阳大云山、石门夹山、安乡黄头山、常德河、桃源桃花源、常德花岩溪、张家界、张家界天门山、永顺不二门、凤凰南华山、湘乡东台山、炎陵桃源洞、衡阳岣嵝山、东安舜皇山、双牌阳明山、宁远九嶷山、郴州五盖山、资兴天鹅山、宜章莽山、武冈云山、邵阳莨山

(7)四个国家级自然保护区:岳阳东洞庭湖、石门壶瓶山、张家界八大公山、宜章莽山

第五节 湖南文脉、史脉、地脉资源综合效益分析

在对文脉、史脉和地脉进行单个分析后,我们还要对其进行综合分析,分析它们的整体组合情况以及它们在区域中或在全国范围中的地位和影响。

景区开发和发展对地方的文脉、史脉和地脉会产生影响,这就需要我们进行文脉、史脉和地脉的再分析。在这个过程中主要分析旅游开发和发展对文脉、史脉和地脉产生哪些影响(好的方面要保持和发扬,坏的方面要改进);出现了哪些新出现的文脉、史脉和地脉的特点,那些新出现的文脉、史脉和地脉的特点是否现在要开发出来,开发出来会出现什么样的景象;哪些潜在资源和滚动资源具有开发条件;以前规划的文脉、史脉和地脉是

否充分开发出来了,是否还有潜力可挖或者是否再经过一番策划和创意后可以以新的形式出现或者可以增加、补充新的内容;以前规划的文脉、史脉和地脉现在是否还符合市场的要求或者是否还是市场的卖点;现有的文脉、史脉和地脉状况是否具有缺陷或其系统性怎样,是否可以通过策划和创意弥补,从而增加其系统性和整体吸引力,使景区具有再生能力。

使湖南文脉、史脉、地脉资源综合效益最大化的途径主要有:一是要坚持政府主导,形成发展合力;二是要坚持市场导向,挖掘文化内涵;三是要坚持精品带动,提升发展水平;四是要坚持规范管理,注重社会效益。

第二章 文脉与湖南旅游产业的融合分析

文脉分析是考察当地的民族文化、风俗的构成,哪些具有地方特色,其分布状况如何,符合旅游者审美的哪个层次(是感知层次、想象层次、理解层次还是情感层次)。湖湘文化文脉厚重,为湖南旅游业的发展作了良好的铺垫。

第一节 湖湘文化源流的人文脉络、特征与时代价值

湖湘文化是一种特征鲜明、稳定且有传承关系的文化形态。探讨湖湘文化源流的人文脉络、演变特征和形成机理,对于彰显湖湘文化的现代价值,发展和开发湖湘文化具有重要意义。

一、湖湘文化源流的人文脉络

1. 湖湘文化缘于始祖文化

根据湖南考古发掘和先秦文献中史实记载,湖湘文化与"三皇"中的炎帝、"五帝"中的舜帝均有着密切的联系。我国考古学界认定,距今一万至五千年前是我国新石器时代的早、中期,即传说中的神农时代;距今五六千年前是新石器时代晚期向青铜器过渡的时期,即传说中的黄帝时代。在中华文明史上,炎帝神农氏是农耕文化的奠基人。从湖南地区出土的新石器时代遗址中,如道县玉蟾岩遗址、澧县彭头山遗址,均证明了在炎帝神农时代在湖南地区创立了比较发达的农业文明。后来,炎帝神农氏因为民治病、误食毒草而亡,葬于湖南酃县。可见,三皇之一的炎帝神农氏既是湖湘文化的开拓者,更是中华农耕文明的开拓者。五帝之一的舜帝则是中华道德文化的奠基人。舜帝是出生于中原地区的华夏部落的首领,在历史典籍大量记载他的道德精神,诸如孝敬父母、恭谦礼让、以德治国、举贤任能等,成为中华传统道德的典范。舜帝的道德精神在南方产生了重大的影响,特别是《史记》记载他南巡时"崩于苍梧之野,葬于九嶷",此后,九嶷山的舜帝之

陵就成为湖湘儿女祭礼舜帝、表彰其道德文化的地方,从上古一直延续到今天。《周易·系辞》将炎黄文化的基本精神概括为"自强不习"、"厚德载物",这种精神一脉传承,成为湖湘文化的价值取向和思维方式的基础。

2. 湖湘文化缘于千年先贤沉积

先秦时期,屈原创立了"楚辞"这种文体,开创了"香草美人"的传统,著有《离骚》、《九章》、《九歌》、《天问》等。

西汉时代,贾谊著散文和辞赋,散文如《过秦论》《论积贮疏》《陈政事疏》等,辞赋如《吊屈原赋》《鵩鸟赋》。

东汉末年,蔡伦在总结前人经验的基础上,制造成了适合书写的植物纤维纸,改造了造纸术,彻底改写了后世中国乃至世界的历史,也使蔡伦屹立于古今中外的杰出人物之列。

唐代,欧阳询成为史上著名楷书四大家之一,代表作楷书有《九成宫醴泉铭》、《皇甫诞碑》、《化度寺碑》、《兰亭记》,行书有《行书千字文》。对书法有其独到的见解,有书法"八诀"。更有怀让禅师于南岳衡山开创南岳派,推动外传佛教彻底完成中国本土化进程。

两宋时期兴起了理学文化思潮。它以复兴儒学为旗帜,要求重新解释儒学经典,力图使儒家文化在新的历史时期得以振兴。另一方面,它又大量吸收、综合了佛、道两家的宇宙哲学和思辨方法,将其补充到儒家学说中去,将儒学发展为一种具有高深哲理的思想体系。宋代出现了儒学地域化。"罢黜百家",潜心著述、授徒讲学。在北宋时期,有周敦颐的濂学、张载的关学、二程兄弟的洛学;到了南宋时期,第一次大融合形成古代湖湘文化:源于湖南道县人周敦颐与河南洛阳人程氏兄弟,福建崇安人胡安国父子在衡山开其端,四川广汉人张栻在长沙兴建学术基地,与江西婺源人朱熹在福建创立的闽学同出一门。

3. 湖湘文化缘于近代人才群起

近代以来中西文化的三次大融合,使湖湘文化更具生机与活力,亦使湖南从"碌碌无所轻重"的闭塞地区渐次变为"功业之盛,举世无出其右"的显赫省份。明末清初,王夫之精于经学、史学、文学,被誉为"南国儒林第一人"。

在中国近代史上,中西文化经历过三次交汇与融合。先是知器械不足,搞了洋务运动;再是知政治体制不足,搞了戊戌变法和辛亥革命;接着是知思想文化不足,搞了新文化运动。近代以来,"湘省士风,云兴雷奋",最早办洋务且成效较大的是湖南人,倡导变法并身体力行的是湖南人,在辛亥革命和新文化运动中冲在最前面的也有一大批湖南人。在近代以来的三次中西文化大融合中,湖湘文化一次次吸收着新鲜的养分,湖南也三次出现了人才群起的局面,由"碌碌无所轻重"成为近代史上对中国全局影响至深至巨的地区。包括思想启蒙魏源,中兴名臣曾国藩、左宗棠、郭嵩焘,维新志士唐才常,辛亥元勋黄兴、宋教仁,以及毛泽东、刘少奇、彭德怀、胡耀邦等无产阶级革命家群体。

4. 湖湘文化缘于现代文化湘军传承与创新

现代,湖南正在超越传统经济发展模式,全力奔向文化产业这个新型绿色产业。湖南的广播影视、新闻出版、原创动漫、娱乐演艺等优势板块均已进入全国第一方阵,上市文化企业数量居全国前列。从参与者众多的"快男"、"超女",到别具一格的"歌厅文化"、"酒吧文化",再到电视文化、文化旅游节目,都具有浓厚的湖湘文化特征。

二、湖湘文化源流的人文脉络特征与形成机理

湖湘文化源远流长,蕴涵丰富。它既具有强烈稳固的原生态特质,又有着因应社会时代变迁之流动性、发展性、变异性等衍生特质。正是在这些多元文化因子的持续互动合力作用下,这一地域文化才日益丰富并逐渐定型,形成了特色独具的湖湘文化。

1. 移民与本地居民在地域影响下形成了"敢为天下先"的品质

南下的中原文化,在文化重心南移的大背景下,使湖南成为以儒学文化为正统的省区,被学者称为"潇湘洙泗"、"荆蛮邹鲁";唐宋以前的本土文化,包括荆楚文化,这两个渊源分别影响着湖湘文化的两个层面。在思想学术层面,中原的儒学是湖湘文化的来源,岳麓书院讲堂所悬的"道南正脉"匾额,显示着湖湘文化所代表的儒学正统;从社会心理层面,如湖湘的民风民俗、心理特征等,则主要源于本土文化传统。这两种特色鲜明的文化得以重新组合,导致一种独特的区域文化形成。所以,探讨研究湘学者,能发现湖湘文化中的儒学正统特色,无论是周敦颐、张南轩,还是王船山、曾国藩,他们的学术思想、学术追求,都是以正统的孔孟之道为目标;而考察湘人者,则更会感觉到荆楚山民刚烈、倔劲的个性。当然这两种文化组合是相互渗透的:湘人的性格特质,又受到儒家道德精神的修炼,故而能表现出一种人格的魅力和精神的升华。如曾国藩在自我人格修炼时追求的"血诚"、"明强",常使我们体味到这种二重文化组合的妙处,"诚"、"明"的理念均来自于儒家典籍和儒生对人格完善的追求;而"血"、"强"的观念又分明涌动着荆楚蛮民的一腔血性。包括曾国藩组建的湘军,其成员主要是湖湘之地的山民,曾国藩既看中了他们的质直、刚劲的湘人性格,又要求他们学习儒家道德和文化修养,体现了他对这种二重

文化组合的自觉运用。

2. 文源深，文脉广，文气足

湖湘文化的"文源"着重从时间维度表达湖湘文化源流的悠久。而"文脉"则是着重从空间维度表达湖湘文化源流的广大。湖湘文化之所以获得很大发展，除了依靠本土文化的创造、继承外，还在于不断学习、吸收外来文化，故而具有文脉广的特点。湖湘文化形成的上古时期，中原文化与南方本土文化相结合则极大地促进了文化的发展。"炎帝神农氏"的出现，其实就是北方的英雄传说（炎帝）与南方的宗教信仰（农神）交流互渗的结果。而舜帝南巡逝世并葬九嶷，受到南方民众的普遍敬仰，亦体现出湖湘文化对中原道德文化的接受与吸收，另外，湖南本土的苗蛮文化，如果追溯其来源，亦是东夷文化的九黎部落南迁的结果。例如，作为文学鼻祖的屈原，其楚辞作品亦体现出文脉广的特点。一方面，他的诗歌渊源于沅湘巫歌，具有南音歌谣、巫风歌舞的地域特色与湖湘风情；另一方面，这些诗歌表现出对"美政"、"美人"的理想追求，特别是对舜帝这位远古圣王的崇敬，其文脉显然源于中原华夏族文化。

湖湘文化的"文气"具有狭义与广义的双重含义。狭义的"文气"，专指那些在湖湘地区创作的作品或湖南人的文章中，能够充分表达出既具有地域特色、又充满生命活力与刚强耿直的精神气质。湖南省作为一个文化大省，首先体现在这个地方产生了一大批优秀的文学作品和一大批著名的作家。从文学鼻祖屈原算起，他的《离骚》、《九歌》、《九章》、《天问》，是最早的中国文学经典之一。以后，这里产生了许许多多在中国文学史占有重要地位的文学作品，如贾谊的《吊屈原赋》与《鹏鸟赋》，柳宗元的《永州八记》，范仲淹的《岳阳楼记》，周敦颐的《爱莲说》。明清至近代，湖南地区涌现了不计其数的文学名人与名篇，包括李东阳、王船山、曾国藩、何绍基、王闿运、丁玲、沈从文，等等。十分重要的是，他们的作品中均表现出一种充盈而劲悍的"文气"。由于湖湘诗人、作家群体的精神气质大多是血性与灵性的结合，并表现出劲直、刚烈、气雄的特色，故而湖湘作家群及代表作品特别体现出文气足的特色。

"文气"还有更加广义的理解，即某个人物群体所具有并表现出来的文化气质。由于湖湘之地有数千年的文化积淀，加之宋以后湖湘教育发展很快，全国四大书院中湖南有岳麓、石鼓两所，这样，湖南人才群体普遍体现出一种特别的文化气质。当然，不仅那些从事文学、艺术等与"文"有关的人普遍具有文气，而且那些从事政治、军事的政治家、军人也表现出特别的文气。特色最为鲜明的晚清的湘军集团，就是一个具有"文气"的军事集团、政治集团。湘军集团的大部分将领均是文人学者出身，受过系统的文化教育，能够治学为文,他们还将这种"文气"用于训练士兵,军营中常常传出琅琅读书声。军队能够具有这样鲜明的文气,在历史上十分罕见。湘军的文气影响了以后的湖南军人,历史上许多著名的军人如黄兴、蔡锷均显出鲜明的文气。同样,湖南的政治家也具有文化气质,表现得最充分的是毛泽东。毛泽东是一位中国历史上影响最大的政治家、军事家,他的政治才能、军事才能使得他能够领导中国人民推翻三座大山、建立了中华人民共和国;同时,他又是一位创作了大量文学名篇的诗人,热爱哲学并且提出了系统哲学理论的哲学家。毛泽东是一位历史上罕见的文气足的政治领袖。

三、时代价值

1. 湖湘文化蕴藏着一种博采众长的开发精神与敢为人先的独立奋斗与创新精神

湖湘文化在长期的历史发展中,之所以能够成为一种独具特色的区域文化,就在于它具有开放、创新的核心观念,具有超越时代的意义。湖湘文化原真性是追寻和传承人类的物质和精神家园的根基。湖湘文化必须建立在原真性基础上,只有在保持原真性的前提下,湖湘文化的历史价值、艺术价值和集体记忆才能得到真正保存,是在未来趋势上是一种"原真性"的发展和延伸。"历史的原真性"主要原真性组成包括:历史事件、位置、建筑格局、环境、功能、管理体制、精神和感受,其管理制度是最有价值的原真性组分。"演进中的原真性"具有相对性、主观性、动态性,随着人类历史的演进,其原真性呈曲线状态变化,既增值又损值,但外形却有不同程度的损伤。"妥协下的原真性"由于自然力、材质、技术和人为等多种原因遭到破坏,必然需要修缮,但其前提是尊重历史。

湖湘文化的核心价值在近代得到了更多体现。曾国藩首倡清政府派遣出洋留学生,戊戌期间,谭嗣同等人摆脱传统束缚而大力提倡西学,甚至樊锥、易鼐等人提出全盘西化的主张,黄兴、宋教仁等人探索民主革命的救国道路,易白沙、杨昌济、毛泽东、蔡和森等人对于湖南新文化运动方向的探索,以及毛泽东等人后来进行新民主主义革命的尝试等,都蕴含着博采众家、广为交融的开放精神和独立奋斗、敢为天下先的创新精神。并且,这种精神必将代代相传,发扬光大。

2. 湖湘文化围绕原生态特质,催生新兴文化形态,培养领军人物

正如俗语所说的"一方水土养一方人",特定的人群创造了特定的文化,而特定的文化又熏染孕育出特定的人物。由于社会历史、环境、地位、身份、经历等的诸多不同,在不同的历史人物身上,错综复杂的湖湘文化精神特质之显像亦展现出不同的面貌。第一代:以两江总督陶澍为首,包括贺长龄(云贵总督)、魏源;第二代:以曾国藩为首,包括左

宗棠、胡林翼等湘军将领;第三代:以谭嗣同为代表的维新志士,包括熊希龄、唐才常等;第四代:资产阶级革命家,以黄兴、宋教仁、陈天华、蔡锷等为代表;第五代:无产阶级革命家,以毛泽东、蔡和森等为代表。毛泽东无疑是湖湘文化所养育出最值得骄傲的人物,同时也是湖湘文化的基本特质展现得最为充分最为完整的人物。沉淀稳固的传统乡土社会世俗文化决定一个人的性格,小而言之便是地域性,大而言之便是民族性;与时俱变的社会精英思想文化决定一个人的世界观和理想抱负。就性格特质而言,毛泽东主要得益于湖湘文化中的地域世俗性、草根性,以及传统文化中的荆楚道家文化;就世界观和社会理想而言,他主要得益于自宋代以来的湖湘经世致用之儒家传统,以及走出家乡之后接触到的湖湘文化乃至中国传统文化所缺乏的时代新知。

"敢为人先"的思想催生出了红色文化和影视文化等新兴湖湘文化形态,并且沿着这一轨迹还将催生更多的新兴文化形态,产生相应的领军人物。

3. 推动文化与旅游的深度融合

推动文化与旅游的深度融合,可以提升旅游文化内涵和品位,实现文化的经济价值;增强人们对文化的认识和理解,促进文化传承和创新,为文化发展提供强大动力。

湖南拥有伟人、名人故居、红色热土、古韵、遗址、书香、风情等多种丰厚的人文旅游资源。要抓住机遇,把丰富的文化资源转化为文化产业发展的优势,使文化产业成为加快经济发展方式转变的重要途径,在推动经济社会又好又快发展上发挥更大作用。要坚持把重点项目带动作为推进文化与旅游深度融合的有效抓手,不断完善文化与旅游深度融合发展的体制机制,大力推动文化旅游产业发展。要进一步加强依法保护、科学保护文化遗产的力度,坚持走文化与科技、旅游、市场相结合的路子,着力打造具有鲜明地方特色的文化旅游品牌和演艺业,切实把文化旅游业培育成新的经济增长点,推动湖南经济社会又好又快发展。要从非物质文化遗产旅游资源移动视觉下,促进开发地与文化原生地协助,促进共振效应。要大力开发红色文化旅游,在湘籍无产阶级革命家上进行旅游文化开发,更大程度上提升湖湘文化的积极意义。

第二节 湖南现当代旅游文学特征及其影响

旅游与文化"并蒂连生"。旅游文学是旅游文化的重要组成部分。中国旅游文学发端于士人漫游,历经山水诗到山水散文再到游记文学,逐步发展为一种成熟的文学形式,它包括旅游风景名胜传说、游记、记游诗词、碑刻、楹联以及一些专门的旅游著作等。这使旅游给文学带来深刻的历史影响。同时旅游文学通过对旅游景观的文化渲染和宣传包装,造就、提升了景观的文化品位和观赏价值,又对旅游活动产生积极引导作用,又使文学带给旅游现实价值。湖南旅游文学的突变在于现当代。深刻分析湖南现当代旅游文学的本质特征和现实影响,探寻突破方向,探讨旅游的文学功能,对于促进旅游与文学的相互促进、共振共荣,具有非常重要的历史和现实意义。

一、湖南现当代旅游文学特征

旅游文学具有鲜明的民族特色、深厚的文化特征以及同旅游景观紧密联系的本质特点,决定了发展现代旅游业必须利用旅游文学的熏陶、渲染和传播作用。随着旅游业和旅游文学的融通与发展,湖南现当代旅游文学呈现以下新型特征:

1. 原真性与纪实性

原真性是根据客观标准看待旅游吸引物的真实性,其内核表现为:原真性应是旅游吸引物的固有属性,可通过一定的标准和客观程序进行鉴别,旅游客体的原真性直接决定旅游活动的体验质量。回归文化成为现当代旅游的核心和发展趋势。返璞归真的自然美是现当代旅游文学家崇高的艺术追求。如泸沽湖大型原生态演出《花楼恋歌》,通过纪实性、原真性、高品位的表现手法,让观众对摩梭人的独特神秘文化遗存、奇风异俗有一个直观真切的了解。

2. 形象性与意象性

旅游文学的形象包括物象、人物形象;意象是指寄托旅游文学家情感的物象综合起来构建的让人产生想象的境界,它包括景、情、境三个方面。旅游文学作品往往是借助客观事物形象(景物、山川、草木等)表现作者的主观的情感。客观事物形象不仅是现实生活中的事物,更是含有"意"(情感)的形象,即"意象"。意象是旅游文学家情感显现的载体,多由物境上升到情境再升华到意境,如毛泽东的诗词的意境美就表现得相当突出。毛泽东诗词描写的山或实指,或泛指,或虚指;或壮写,或柔写;或寓景于情,或寄情于景,或情景交融,大多数借咏山抒发凌云壮志、博爱情怀、浩然正气、阳刚气势、无所畏惧、岿然不动、气势磅礴的英雄气概。如《七律·到韶山》这首诗通过回到故乡所看到的新的景象和对革命斗争的回忆,歌颂了革命烈士坚强的斗争精神和我国劳动人民在党的领导下改天换地的英雄气魄。我国许多现当代旅游文学作品都含有意蕴丰赡的理趣美。

3. 地域性与独特性

旅游文学具有强烈的民族特征,体现了华夏民族聪慧、勤勉、务实、含蓄的民族性格和坚忍不拔、勤奋进取的民族精神,显示一些独特的价值观念和审美观念。旅游文学在同一民族的不同地域之间也有差异,比如我国的旅游资源向来有"南秀北雄"的说法,就是旅游文学地域性的形象说明。地域性特点是形成旅游文学独创性、丰富性的基础,它使我国旅游文学闪耀着绚丽多姿的特色。比如多视角书写旅游文学作品,就使民族气质与时代气息、地域气韵与人群气场融合一体,完整、完美地表达民族性、地域性、当代性与群体性特色。

4. 愉悦性与即时性

旅游文学的本质在于审美,读者对旅游文学作品的欣赏,其实也就是对美的欣赏。在欣赏过程中,读者可以获得全身心的审美愉悦。这种审美愉悦又不仅仅停留在生理层次上,它超越了生理基础而进入了社会历史文化层次。看悲剧性作品,心情沉痛;看戏剧性作品,心情愉快。这都是由欣赏者深层的文化原因所决定的。审美愉悦表现为喜和乐,也表现为苦和愁。例如欣赏戴望舒的《雨巷》,鉴赏者似乎也跟随着抒情主人公进入了一条烟雨迷蒙、悠长而又寂寥的雨巷,跟随着他去追寻那个丁香一样结着愁怨而又倏忽即逝的姑娘。

文化景点还具有鲜明的即时性与时代性特征,复杂的文化景点为时间结构提供了景观多样性。在每个历史阶段都会或都能够推出属于它那个时代的景观,而同一个景观也可能随着时间的变化会有不同的文化内容或审美价值。

5. 开放性与网络性

在文学宗旨上,提倡以世界先进文化为借鉴,中国人不断走出国门,从事外交、留学、考察、观光等活动,写下了不计其数的旅游作品,或传播西方文明。

旅游文学还在形式上由于科技发展的影响而呈现出多样性,出现了电影、电视、文学剧本,产生了以互联网为平台的网络旅游文学,传播范围和影响力较大。

二、现当代文学影响旅游景观的基本方式

1. 文学作品催生旅游新景观

因文成景和景因文得名的文学名篇,都能增加景观的文化积淀和人文内涵,激发人们的旅游动机。文学作品对于树立地方旅游形象有着巨大作用。

2. 文学名人催生旅游目的地

文学名人所到之处,或多或少都会留下痕迹,有的已被开发为新的旅游景观,其中以故居为主。湖南就有名人故居专线游,其中包括有毛泽东故居、刘少奇故居、雷锋故居、

彭德怀故居、曾国藩故居、杨开慧故居等。

3. 诗人作家催生传统景点新内涵

湖南汨罗的屈子祠自汉代始建以来，文人墨客来此游览凭吊，多感叹屈原的人生遭际，楚王的政治昏庸。台湾诗人余光中却单单注目于屈原对于中华民族文化传统的开创之功，写有一首《蓝墨水的上游是汨罗江》，引来众多游客到此拜谒，以求"喝点墨水"。屈子祠后来也专意于屈原的文学影响而开发了碑林景点，将古今书法家书写的屈原辞赋章句铭刻于石。

由于文学与旅游的深度结合，还催生了旅游业务、旅游服务类文学艺术，如一些文学性较强的旅游指南、风物志、导游词以及影视风光片解说词等，通过把旅游资源介绍给旅游者或潜在旅游者，来向他们提供直接、具体的帮助。

4. 影视文学催生旅游新景点

影视剧文学要制作成影视剧，需选用外景拍摄地或修建影视城。目前全国各地众多的拍摄地和影视城已成为重要的旅游景观。湘西利用影视作品对旅游业的推动作用大力发展影视旅游。湘西由于具有独特的地理环境和神秘的民族文化，在中国文化领域形成了一种独特的"湘西题材"现象。文化领域的"湘西题材"包括：以湘西为题材的影视立体文化现象，以湘西为题材的小说、诗歌、散文、报告文学、绘画等平面文化现象，湘西文化人或称"湘西文化名人"现象。以湘西为题材的影视目前已积累了《边城》《芙蓉镇》《湘西剿匪记》《乌龙山剿匪记》《湘西匪事》《武陵山剿匪记》《血色湘西》等。

三、当代湖南旅游文学书写的突破

旅游文学是一种古老而又新颖的文学题材类型。"古老"是因为旅游文学书写是中国古人非常拿手和成熟的一种文学题材；"新颖"是因为随着当代文明的发展和经济的繁荣，越来越多的人开始向往、倡导和实践旅游。"旅游文学"在当代文学题材类型中具有明显的局限，呈现为一种暧昧、模糊的存在，渐渐失去了原有的清新自然、爽朗开放、磅礴大气的诗学意味，但仍有新的突破：

1. 旅游文学语言逐步通俗化、普及化

由文言文、半文言文发展到白话，并逐步取代传统诗词曲的主流地位，口语化，通俗化，贴近大众生活，扩大了旅游文学的读者群和创作群，扩大了旅游文学的读者面和创作面。

2. 旅游文学题材上表现多元

除了表达传统的山水风光、名胜古迹、闲情逸致内容外，还着重以普通大众的旅游活动为对象,反映了海内外生活美、社会美、自然美的多层次性,大大拓展了旅游文学的多元性和表现领域。

3. 探讨了寻觅文化魂魄的"大历史"旅游书写

余秋雨的旅游文学书写表现出一种极为可贵的寻归文化荒野的"大历史"文学书写方式,可谓是为千年悠久历史文明的国度重新寻觅曾经有过的文化魂魄。

4. 进行了追寻艺术足迹的生命探寻和精神对话

台湾作家钟文音的旅游文学书写呈现为一种孤独生命间的心灵探寻和精神对话,是一种个体自我的、内聚焦式的审美想象,有着非常浓郁的抒情诗意气质。

5. 拓展了旅游文学创意

创意的本质在于寻求特色和差异,与旅游的本质一致。一般旅游主要是从资源的角度出发寻找差异和特色,不管其挖掘过程是否考虑了市场需求和竞争关系,着眼点仍不能脱离资源。文化旅游则在一定程度上摆脱了资源的束缚,它能够综合各种因素,包括资源、环境、市场、社会背景等诸多方面进行创造,亦即创意。离开了创意,文化旅游亦将会失去生命力。与文化旅游较为密切的创意产业有演艺娱乐、民间工艺品生产销售、会议展览、文化节庆等。这样,文化旅游其实也在创意产业范畴之内。

四、导游工作中充分发挥旅游文学功能的必要性

1. 可以加深游客对祖国历史、文化的了解,激发爱国主义情感

在旅游活动中,借助文学作品来发掘涵盖在景观中的历史、文化底蕴,寓教于游,这种形式已越来越为导游所注重。

2. 作为帮助游客了解旅游景点概况、特点的游览指南

优秀的旅游文学作品,以其丰富的知识性、趣味性,从不同的角度揭示了自然山水和人文景观的风貌,兼有导游说明的作用,而且文笔精练,概括性强。导游员每到一地如果能将眼前景物同有关的文学作品结合起来,融入自己的讲解,以之作为游览的指导,将会使游客受益匪浅。

3. 有利于激发游兴,提高审美能力

旅游要取得成功的首要条件是兴趣,兴趣具有能动性。要保持兴趣的稳定和持久,就必须重视诱发、刺激兴趣的因素。旅游中,激发游兴的因素一般有两个方面,其一直观形象的作用,其二第二信号系统(即文字和语言)的作用。旅游文学语言是指旅游文学作品中所使用的、体现文学性与审美性的、独具特色的语言。旅游文学语言的诗性是指在

诗情画意中达到的一种身与心游、物与神游的完美；旅游文学语言的哲理化是一种形象化的、情感性的哲思，是一种较高级的审美境界。第二信号系统参与的自觉兴趣，可以使人产生丰富的联想、想象，促进对事物的理解和认识的深化。因此，在导游过程中，适当运用文学语言激发游兴，是行之有效的。

第三节　湖南诗词画联的审美意蕴及其影响

诗词画联内在的共性让它们在不知不觉中走到了一起，形成了艺术的精神共性。湖南诗词画联文化在现当代诗词画联文化中处于领先地位，它与现当代湖湘文化的突出表现是分不开的。湖湘地区丰厚的人文传统，与湖南人既有的社会心理及文化性格，与时代的洪流相激荡，使得近千年以来湖南人物大展风流、大放异彩。湖南诗词画联有着丰富的审美意蕴，表达了一种崇高的精神追求，具有较强的时代意义。

一、湖南诗词画联中关于山的审美意蕴

1. 情景交融的意境美

湖南诗词画联的颂山，多由物境上升到情景再升华到意境，如毛泽东的诗词的意境美就表现得相当突出。在毛泽东的诗词中描写了湖南许多的山："看万山红遍"中的"山"，指岳麓山；"五岭逶迤腾细浪"中的"五岭"即南岭，指大瘐岭、骑田岭、萌诸岭、都庞岭和越城岭等。如《七律·答友人》这首诗绚丽飘逸，工艺上也最为讲究。前四句妙用古典神话传说，想象力瑰丽斑斓，情景交融，从神仙世界写到后四句的现实世界，可谓举重若轻、自然婉转。诗人从忆念之情转入对欣欣向荣的祖国的感奋之情，最后境界更为扩大，诗人似乎真的梦回到他芙蓉盛开、朝霞满天的家乡。

2. 返璞归真的自然美

返璞归真的自然美是湖湘诗人词人崇高的艺术追求。《桃花源诗并记》，是一组既有记又有诗的诗文组合体。《桃花源诗》并非纯虚构之作，它是陶渊明以湖南武陵源为原型，根据其曾祖父陶侃任武冈令时的见闻及结合当时的一些笔记小说素材，所创作的一首田园诗。陶渊明对田园风光的描写达到了主客体合一的境界，使自然景物染上了鲜亮的主体色彩，有一种生命的充实感，表现了光明峻洁的人格价值和崇高的人格魅力，加之他的诗又能"发纤秾于简古，寄至味于淡泊"，呈现了一种既平淡自然，又朴茂渊深的风

格。特别是桃花源中民风淳厚,有着浓厚的上古气息,"俎豆犹古法,衣裳无新制。童孺纵行歌,斑白欢游诣"。桃花源就是这样令人心醉而向往的理想之地。《桃花源记并诗》出现之后,因其美妙的构想、神奇的色彩、独到的审美意趣引起了历代文人墨客的浓厚兴趣,派生了一系列的文学创作。如在王维的笔下,桃花源是现实中的仙境,美幻旖旎的理想去处:"初因避地去人间,更闻成仙遂不还。春来遍是桃花水,不辨仙源何处寻。"(《桃源行》)

齐白石的画有着巨大的开创性和原真性。齐白石破天荒地把大白菜、大萝卜画进了中国画,他还把农民用的农具画进了画面,像耙子、锄头,等等。生活中普通的东西,老百姓常见常用常养的东西都可以成为齐白石笔下的画,如虾、蟹、小鸡、青蛙、蜜蜂、蚂蚱、各种草花、南瓜、丝瓜、葫芦、算盘、搔痒的"老头乐"等全是他的题材。

张家界的诗词画联也具有特色。1980年5月黄永玉到张家界,对这里的自然风光评价很高,画了一幅《二千八百柱》,在山水画题跋上写道:"吾乡有无名之山曰张家界……贤者游斯山,无不叹是山之奇绝,诡秘。"1989年春作《不必认真之张家界之随想图》,于1996年公开发表在湖南美术出版社《中国张家界旅游纪念册》(画册)上,对张家界早期开发起到了重要作用。许多现代文学大家都歌颂了张家界,如《游张家界》(沈从文):"险极腰肢寨,幽深金鞭溪。更上黄石寨,一览众山低。"又如《夜听溪声》(莫应丰):"人生一快事,夜听金鞭溪。纵是群山倒,甘心碾作泥。"

3. 震撼心灵的人格美

湖南诗人、词人表现出对生命的执着热爱,具有高洁正直的人品,其诗其词开拓人们的视野,提升人们的境界,提高人们的人格层次,引导人们过有意义的生活。

屈原(前360~约前278),战国末期楚国丹阳人,代表作有《离骚》、《九歌》、《九章》、《天问》等,其中最重要的是《离骚》,诗中表达了坚持真理、决不妥协的意志,从头到尾贯彻了爱国主义浓烈的情操,充满了热烈的浪漫主义色彩。和《诗经》一样,《离骚》是中国诗歌的源头,是一部伟大的文学作品,对中国文学传统的形成起了不可磨灭的影响。

谭嗣同被清廷被捕于北京浏阳会馆,在狱中作诗:"我自横刀向天笑,去留肝胆两昆仑。"

苏东坡被贬多次,其中被贬湖南黄州时写过许多诗词,如《念奴娇·赤壁怀古》、《水调歌头·黄州快哉亭赠张偓佺》、《满庭芳》二首、《西江月》等,表现出他饱经忧患仍对人生与社会保持热情的豪迈与旷达。

4. 意蕴丰赡的理趣美

哲理诗是表现诗人的哲学观点、反映哲学道理的诗。这种诗内容浑厚、含蓄、隽永,多将哲学的抽象哲理含蕴于鲜明的艺术形象之中。理趣的实质,就是"趣中之理",即诗意催生的哲理。

柳宗元谪居于永州后,由无奈、被动地置身于闲散生活到以平常之心接受闲静淡泊,并在闲逸之中找到并确立了新的事业。永州地处今天湖南南部,与广西相邻,地方虽然荒僻,却有奇丽的山水、绝美的风景;九嶷山耸峙其南,衡山余脉盘绕其北,蜿蜒奔腾的湘水和潇水在这里汇聚。山水胜景竟有如此的神奇,也许是柳宗元之始料未及的。就是这些让心灵震撼和慰藉的山水,许多时候在柳宗元的笔下,却又一扫明丽、灿烂、赏心悦目,呈现了浓浓的悲情和别样的格调。如《与崔策登西山》描写的是他和友人一同欣赏永州潇水西岸西山的独特景色:"西岑极远目,毫末皆可了。重叠九疑高,微茫洞庭小。迥穷两仪际,高出万象表。驰景泛颓波,遥风递寒筱。"登上西山极目遥视,眼界顿开,胸襟顿开。但在诗的结尾处,诗人却说:"吾子幸淹留,缓我愁肠绕。"山水胜景并不能缓解盘绕的愁肠,还须友情相助,愁情之深重由此可见一斑。永州幽丽的山水触引了柳宗元浓浓的悲情,也给他以巨大的慰藉。同时永州幽丽的山水因为柳宗元才被发现、发掘,使人和山水妙合无间、血肉相连,展现了永恒的迷人之美。

苏轼宦海沉浮,漂泊不定,深品世态炎凉,对禅学逐渐产生浓厚的兴趣。被贬湖南黄州之后,他归诚佛僧,就着黄州山脚下一片名叫东坡的数十亩荒地,垦辟躬耕,慨叹人生,并写下《东坡》诗:"雨洗东坡月色清,市人行尽野人行。莫嫌荦确坡头路,自爱铿然曳杖声。"禅的精神陶冶着苏轼,也滋润着他的诗歌创作,尤其是他写的那些脍炙人口的哲理诗。如《琴诗》:"若言琴上有琴声,放在匣中何不鸣?若言声在指头上,何不于君指上听?"苏轼把它妙化入诗,更进一步,琴声也不是源于妙指,而是来自内心,琴者即心声。物我融合,才是佳境。

二、湖南诗词画联中关于水的审美意蕴

1. 湖南诗词画联湘江通道审美意蕴

湖南诗词画联湘江通道具有诗词画联艺术家群,并且有大量艺术作品汇聚集合,历经沧桑,随着时间上的流逝其成色愈见灿烂。

历史上中原人迁徙岭南最重要的通道是由洞庭湖入湘江,经灵渠入漓江,再入西江至广州。在这条通道上共有八个节点:第一个节点是洞庭湖,第二个节点是汨罗,第三个节点是长沙,第四个节点是株洲,第五个节点是湘潭,第六个节点是衡阳,第七个节点是零陵(今永州),第八个节点是桂境兴安灵渠。在几千年时间里有众多的诗词画联艺术大家和重量级人物经此路留下精妙作品。先秦两汉有屈原、贾谊,唐有张九龄、孟浩然、李白、杜甫、韩愈、柳宗元、刘禹锡、杜牧、李商隐、温庭筠,宋元两朝有王安石、苏轼、黄庭坚、张栻、朱熹、辛弃疾、文天祥等,明有朱元璋、唐寅、王夫之等,清及近代有袁枚、魏源、曾国藩、陶澍、左宗棠、郭嵩焘、谭嗣同、秋瑾、黄兴、蔡锷等,现代有毛泽东、于右任、田汉、郭沫若、萧三等。

2. 湘江人格化灵异色彩审美意蕴

屈原《湘君》对湘水进行了带有灵异色彩的人格化描写:"驾飞龙兮北征,邅吾道兮洞庭。"柳宗元《再上湘江》:"好在湘江水,今朝又上来。不知从此去,更遭几年回。"

毛泽东《沁园春·长沙》塑造的具有审美意象的"水",既是诗人浓烈情感的物化,又是作者理想意志的折射。上阕重在写景,但它所显露的不是自然之景,而是由意象组合成的意中之境。"独立寒秋",仰观岳麓山,俯视北去的湘江之水。整个景象呈现:"万山红遍,层林尽染;漫江碧透,百舸争流。鹰击长空,鱼翔浅底,万类霜天竞自由"的境界。用"万山红遍,层林尽染","漫江碧透"、"鱼翔浅底"的美景,来描写祖国山河的美丽,作为下面述志的铺垫。下阕重以景寓志,以山水之秀美引出宏大的志向。"怅寥廓,问苍茫大地,谁主沉浮?"历史悠久、山河如此美丽的国家,正在军阀的统治下,人民不得安宁,书生意气的毛泽东在思考国家和人民的命运,国家的命运到底应该谁来主宰?毛泽东用回忆的方式,点出"风华正茂","书生意气,挥斥方遒。指点江山,激扬文字,粪土当年万户侯"的"同学少年",将会成为主宰国家命运的新人,以此抒发他宏大志向。"曾记否,到中流击水,浪遏飞舟?"最后以设问的方式,用巨浪搏击的勇气和精神,暗示去为实现"指点江山,激扬文字"的志向而奋斗。毛泽东对"水"或壮写、或素写、或实写、或虚写,皆用以抒发自己的浩然豪迈的气势和博大挚爱的胸怀,以张显其大仁、大智、大勇的人格魅力。

3. 洞庭湖绮丽迷人的风光审美意蕴

岳阳楼是我国江南三大名楼之一,古有"洞庭天下水,岳阳天下楼"之誉。唐代诗人李白、杜甫、白居易、李商隐、刘禹锡、韩愈、孟浩然相继到此,或登楼或泛舟,奋笔书怀泼墨为诗,留下许多吟楼咏楼佳作,使岳阳楼名声益大。《全唐诗》中有三十多位诗人写下四十首岳阳楼的诗,甚为壮观。使岳阳楼最为有名的是岳阳楼诗文三绝:范文(范仲淹《岳阳楼记》)、杜诗(杜甫《登岳阳楼》)、魏联(魏允贞《岳阳楼》)。而杜甫的《登岳阳楼》诗是最早的作品,也是吸引唐宋骚人墨客前来的主要原因。杜诗云:"昔闻洞庭水,今上岳阳楼。吴楚东南坼,乾坤日夜浮。亲朋无一字,老病有孤舟。戎马关山北,凭轩涕泗流。"《登岳阳楼》诗是杜甫诗篇中五律名篇,前人称之盛唐五律第一。

岳阳楼集山、水、楼台建筑的自然美和整体美融为一体,融汇洞庭湖的诗情画意,铺张浩荡雄浑的波涛,淡远悠扬的烟霞神韵以及对面君山的秀色艳丽,得湖独厚得山独秀的环境,成为天下胜景。在唐代诗人的心境中,有着趋同的认识,李白"云间连下榻,天上接行杯";白居易"春岸绿时连梦泽,夕波红处近长安";韩愈"泓澄湛凝绿,物影巧相况";孟浩然"坐观垂钓者,徒有羡鱼情",无不在刻画心中的岳阳楼。

现代涌现了一批洞庭湖画家。如赵溅球是洞庭湖出来的画家。他的主要作品几乎都与洞庭湖有关,如《湖风》《洞庭芦山》《故乡小河》《洞庭皓月》《天凉好个秋》。著名国画家周令钊还率领中国美术界"梦之队"在洞庭湖中的君山打造中国最大的山水画廊,通过艺术家的创造,让中国最美的山水永远落户岳阳。

三、湖南诗词画联意蕴的价值与开发

1. 湖南诗词画联意蕴的价值

山水皆是人类生存不可缺少的自然条件,而山水是相依的,有山必有水。正因为如此,历来不少的艺术家创作了许多山水诗、画了许多的山水画,山水早已成了艺术描写的对象和陶冶情性的所在。湖南诗词画联塑造的山水意象,气势之雄,想象之奇,意境之高,韵律之美,寓意之深,是历史上所有的山水诗难以比拟的。湖南诗词画联所塑造的山水意象具有永恒魅力,是中国诗词史上的艺术珍品,是中华民族的宝贵精神财富。

湖南诗词画联文化的特点,可以说是湖湘文化在诗词画联这一体裁中的体现,是湖南人精神风貌的折射。湖南人有着淳朴倔强、坚忍刚毅、开拓包容、崇实尚行等性格特点,这种社会心理构成了湖南诗词画联基本的底色。湖南诗词画联文化洋洋大观,风格万千,但其要点不外乎形式上的雅正敦厚和内容上的贴近社会和人生。

在旅游景点运用诗词画联的意义主要表现在:一是诗词画联文化是形成旅游文化的基础之一,是增强旅游景观吸引力的源泉,也是发展旅游业的灵魂和新的增长点;二是诗词画联工业品是各地旅游产品中比较普遍的类型;三是诗词画联具有突出的审美价值。在自然景观中的诗词画联作品,不仅提供了新的审美元素,而且可以起到对自然景观审美的引导作用;四是诗词画联文化可以开拓旅游主体的视野,增强旅游主体的文化性,提高旅游主体的文化素质和审美程度。

2. 开发途径

(1)开发与保护湖南诗词画联遗产

在旅游业成为朝阳产业的今天,要进一步加强旅游业和文学的互动,必须以文学为核心的文化力量为动力,使山水更具有文化品位,更具经济价值。

(2)开发伟人、名人诗词画联旅游资源

湖湘文化最引人注目之处,就是在这个地域文化的熏陶下,涌现出一代又一代有思想、有抱负、有个性、有才情的知识群体,他们在中国历史上最大程度地发挥了文化的社会化功能,故成就为炳耀史册的思想家、文学家、政治家、教育家。开发湖南诗词画联旅游价值,应充分发挥本省历代文化名人众多的优势,继续加大对文化名人资源的挖掘和开发工作。要大力实施文化品牌战略,培育一批文化名人,创造一批文化名品,修复一批名人故居。

(3)提高导游员的文学素养,讲解、宣传湖南诗词画联

开发湖南诗词画联旅游价值,必须提高导游员的文学素养,让导游讲解、宣传诗词画联,彰显诗词画联旅游资源的魅力。

(4)创新诗词画联

挖掘运用湖南诗词画联妆点旅游景点,创作新的湖南诗词画联,提高旅游景点文化品位。

(5)开发湖南诗词画联

建设湖南诗词画联碑廊,用百里湘江湖南诗词画联碑廊文化景观连接长株潭三市,为"东方莱茵河"湘江两岸打造一项世界性的文化旅游景观。建设湖南诗词画联馆、湖南诗词画联学校,为湖南诗词画联组织和诗人以及诗词画联爱好者搭建一个传承、交流、学习、展示湖南诗词画联的平台。建设湖南诗词画联网站,成立湖南诗词画联研究院,再现"朱张会讲、百家争鸣"湖湘文化辉煌,早日让湖南诗词画联走向全国、走向世界。

第四节 湖南戏曲文化资源的特征及其旅游开发

一、湖南民歌特点

湖南省境内丘陵、土地广布,山歌流传广泛。当地人把湖南山歌归纳为"高腔"、"平腔"、"低腔"3种。高腔山歌音调高亢,节奏自由,拖腔处常有"啊呜啊呜"等衬字,多为成年男子在野外用假声歌唱;平腔山歌悠远绵长,多为成年男子在野外用真声歌唱;低腔山歌优美、柔和,节奏性强,音量较小,多为妇女在室内歌唱。

春秋战国时代,湖南属楚国辖境,民俗信鬼而好祭祀,祭祀时必有歌乐鼓舞以娱神。从屈原根据这一带的民间歌曲而创作的《楚辞》中,可略知当时民间音乐的风格。《楚辞》具有浓郁的浪漫主义色彩,充满大胆的想象、追求和寄托。流传至今的湖南山歌,仍是浪漫主义创作风格的延续。

湖南民歌不仅有美丽动人的歌词,曲调也清新脱俗,别具一格。湖南民歌能表达出各种不同情感,有浑圆嘹亮的山歌、优美抒情的小调,有欢快活跃的花灯、低沉哀怨的曲艺,还有气势磅礴的劳动号子、荡气回肠的薅草锣鼓,以及激昂向上的革命歌曲。其曲式结构严谨,曲体多样,尤其是衬词的运用,使民歌在烘托气氛、揭示人物内心情感等方面达到了极高的艺术境界。

湖南民歌分布广泛。湘西、湘西北之武陵山,湘南之衡山,湘北之浩瀚洞庭,加上湘、资、沅、澧四大水系纵贯全境,平原、水乡、山地、丘陵皆备,故号子、山歌、田歌、小调、风俗歌具丰。——以例举证。号子以《澧水船工号子》(津市,澧县)为代表,经改编后,分为三部分,成为体制完备的大型声乐作品;山歌作品最多,瀚若星云,如"郎在外间打山歌"(长沙)、《冷水泡茶慢慢浓》(桑植);田歌,这是一种稻作区域的特殊民歌形式,介乎山歌和号子之间,有《插田歌》(韶山)、《罗罗咚》(岳阳)等;小调较为抒情,如《四季花儿开》、《乡里妹子进城来》(邵东)等;风俗歌,反映民俗婚丧,与古时生活联系紧密,如"铜钱歌"(益阳)等。

二、湖南民歌的旅游价值

1. 湖南民歌是湖南旅游文化的重要组成部分

湖南民歌是民族音乐的重要体裁之一,它直接反映湖南的历史、社会、劳动、风土人情、爱情婚姻、日常生活;是认识湖南历史、社会、民风民俗的宝贵资料,具有人文研究价值。

2. 湖南民歌增加了湖南旅游景点的吸引力

湖南民歌内容丰富,清新健康,言辞优美,有些堪称文字精华。湖南民歌源自生活,精品良多。比如:

《思念》:"山高水远路茫茫,郎姐二人远隔在两厢,难得见,朝朝暮暮思念长。门前有块相思地,芹菜韭菜种两行,郎拔芹菜勤想姐,姐割韭菜久望郎。"试看两人相思,直白而不显露,却用艺术的比喻,要在相思地上种"芹"菜"韭"菜,来"勤""久"惦望,形象生动,生活情感交融在一起,多美丽呀。

《马桑树儿搭灯台》:"马桑树儿搭灯台哟,写封(的)书信与(也)姐儿带哟,郎去帮工(有的填'当兵'词)姐也在家哟,我三五两年不得来哟,你个儿移花也别处栽哟。马桑树儿搭灯台哟,写封(的)书信与(也)郎带哟,你一年不来我一呀年等哟,你两年不来我两年挨哟,春天不到(也)花不开哟(也有的填'钥匙不到锁也不开'词)。马桑树儿搭灯台哟,姐在家中望郎来哟,穷人最知穷人苦哇,我穷人自有穷人爱哟啊,苦菜花开哟来相会啊。"先托物起兴,男方先表明心迹,"我是穷人,且要外出三五年,你我虽然交好,但为你青春考虑还是别嫁郎吧!"可女方立即回信,情比金坚,"穷人怎么啦?外出又怎样?我定会等你回来,我就是你春天里的花,你就是开我这把锁的钥匙,放心吧!"没有海誓山盟,却铁骨铮铮忠贞不渝。曲调沉婉,却无半点哀怨,不同于一般的春思闺情。

《乡里妹子进城来》:"乡里妹子进城来,乡里妹子冇(mao,没有)穿鞋(hai),何(huo)不嫁到我城里去(ke),上穿旗袍下穿鞋。城里伢(a)子你莫笑我,我打赤脚(jue)好得多,上山挑得百(be)斤担,下田拣得水田螺。乡里妹子进城来,肩挑手提路(lou)难挨,何(huo)不嫁到我城里去(ke),出门三步有人抬。城里伢(a)子你莫笑我,我打赤脚(juo)好得多,冇得出家勤耕种,冇吃(qia)冇穿冇法活。"整齐的七言应答式,是民歌反映生活的例子。指明美好的生活由劳动创造,而非"城里伢子"之类的地主或剥削者,表明劳动人民的心声。

《簸箕上的麻雀》:在情感运动中融入理性内容,极具生活气息。特定的物境与艺术指向,使音乐更带感情色彩,其内容也更具确定性。

《大地的丰收》:以"亲历之知"形象鲜活、生动感人地讴歌"杂交水稻之父"袁隆平。一层深一层的诗化陈述,婉约而含蓄,洒脱中显灵俏,从诗句中可感悟出他以理节情,以高檐滴水之势,将个人与人民的关系抒写得真切、准确且大度。

《莨山红》:以拟人化手法抒写心中的山水与激发山水中的真情,又以形神兼备的笔触,"心中有竹"地直陈胸臆。可谓情意和谐、情理相会,充分发挥了审美主体的能动性,臻于心物一元、主客合一的艺术境界。

湖南民歌词作家、作曲家按照"美的规律"创造出来的具有物化美的音响动态与形态,是以科学发展思维的艺术化体现。其审美理想,已臻于感性与理性的统一、真与善的统一、心与物的统一、有限与无限的统一的境界。如此丰富的民歌,是一笔丰厚的旅游资源,增加了湖南旅游景点的吸引力。

3. 湖南民歌推出了大歌手、带来了大影响

湖南民歌,首先是人才之盛。何纪光、李谷一、吴碧霞、宋祖英、张也、陈思思、汤灿等

都是其中的代表。如何纪光出生在桃花源故里,土家、苗、汉聚居的武陵人家,从小耳濡目染民歌。据说他曾向一位苗族老艺人习得高腔山歌的唱法,并纳入科学发声方法,真假声莫辨,铸就独有风格。他的声音纯净、宽广,高昂可断丝,柔美能流水,得此声音夫复何求!八十年代以一曲《挑担茶叶上北京》享誉全国。他的歌唱,充分体现了高腔山歌的魅力,如《洞庭鱼米乡》的开场,《思念》的开场,《好久没到这条坡》最后《唱赞歌》句,一个干净利落的甩腔,但却悠扬至极,响彻云端。生为人大代表的何先生,关心民生,提携后进,李谷一、宋祖英、张也等都曾受他教导。2002年何先生溘然辞世,终年63岁,以艺术盛年离去,"长使吾辈泪满巾",唯余暗自嗟叹。

李谷一由湖南花鼓而入民歌,代表作有《妹妹找哥泪花流》、《乡恋》、《难忘今宵》等。严格地说,她并不是纯粹的民歌手,而是走创新作品之路。

湖南民歌推出了大歌手、带来了大影响,促进了湖南知名度的提高,促进了湖南旅游业的发展。

4. 湖南民歌具有市场价值

耳熟能详的湖南民歌,很快将浏阳河酒传达到了全国。浏阳河酒的冠名给产品赋予了新的内涵。品牌是以产品价值、文化、个性为基础,酒的品牌文化与酒文化有密切的联系。

三、开发湖南民歌旅游价值的途径

1. 培养会唱湖南民歌的导游人才

发展湖南旅游业,必须弘扬湖南旅游文化。湖南民歌是湖南旅游文化的重要组成部分。通过导游来传唱湖南民歌、展现湖南民歌的魅力,是发展湖南旅游文化的迫切需要。因此,要从学校开始,教唱湖南民歌;在社会导游实践中传承和发展湖南民歌,充分利用湖南民歌的旅游价值。

2. 创作生活中的湖南民歌

湖南民歌是作曲家、词作家对社会生活的审美体验与立美再创造,也可以说,是艺术的形象性、情感性与科学性高度统一的具有物化美的音响动态,是人文精神真与善的展现审美意识的形态。要将"亲历之知"与"学理之知"融为一体,入情入理,求真求善,创作出至真至善至美的音乐。

3. 开展宣传活动

四水育韶乐,湘音唱乡情。为"宣传湖南,唱响湖南",要将"湘人湘歌"作为湖南建设"文化强省"的一个新亮点。

4. 开发、推广湖南民歌

应开发、推广以下湖南民歌:①岳阳楼;②春暖桃花源;③韶山红杜鹃;④凤凰美;⑤炎帝陵;⑥洞庭鱼米香;⑦长沙欢歌;⑧人醉张家界;⑨南岳三炷香;⑩浏阳河;⑪一根竹竿容易弯;⑫八百里洞庭美如画;⑬放风筝;⑭挑担茶叶上北京;⑮小背篓;⑯辣椒歌;⑰桑植民歌《嘀格儿调》;⑱马桑树儿搭灯台;⑲幸福桥;⑳崀山红;㉑洞庭鱼米乡;㉒思念;㉓板栗花开一条线;㉔扯白歌;㉕小小幺姑;㉖四季花儿开;㉗郎在外间打山歌;㉘冷水泡茶慢慢浓;㉙好郎好姐不用媒;㉚澧水号子;㉛郎从门前过;㉜采茶;㉝乡里妹子进城来;㉞洗菜心;㉟采槟榔;㊱辣妹子;㊲龙船调。

第五节 文脉与湖南旅游产业的融合综合分析

进行文脉分析一般采用文脉协调、文脉突破与文脉结合三种策略。

一、文脉协调可以使景区形象具有地方特色

红三角旅游开发区(毛泽东故居、彭德怀故居、刘少奇故居)是红色文脉协调而开发出来的,很具地方特色和吸引力,但采用这种策略时一定要注意景区影响。

二、文脉突破能在地方特色不明显但具有普遍性的旅游景区形成出奇制胜的特点

长沙市望城区着力挖掘文化内涵,打造古镇旅游圈,建设了一批特色文化品牌项目,包括铜官窑遗址考古公园、铜官老街、乔口渔都等项目,表现出文化工作思路新、起点高、手笔大、措施力、工作实、效果好、前景美。其措施有:一是抢抓融合发展的机遇。文化是旅游的灵魂,旅游是文化的载体,文化让旅游更具内涵,旅游让文化更具活力。二是要夯实融合发展的基础。创新融合发展的理念,树立以自然为本源,以特色为根基,以文化为灵魂,以旅游为载体,以市场为导向,以效益为追求的理念;挖掘文化的资源,根据本地特色,梳理丰富的文化资源;培养专业人才,注重引进和培养高素质的文化、旅游、经营、策划等方面的专业人才,为文化与旅游的融合发展提供人才支撑。三是把握融合发展的关键。科学合理规划,大力招商引资,加强项目建设,培育核心品牌。四是形成融合发展的合力。健全联动机制,实现文化与旅游的有效链接,形成融合发展的合力。

三、文脉结合是发展旅游业的基本途径

(一)以文化推动旅游发展,以旅游促进文化繁荣

文化与旅游密不可分、相辅相成,文化需求是旅游的重要动因,旅游过程实际是文化的体验和享受,只有具有丰富文化内涵的旅游产品,才具有持久的生命力、吸引力和感召力。着力实施"文化强旅、以旅兴文"战略,使文化与旅游水乳交融、协同发展。

(二)以文化充实旅游内涵,以旅游弘扬地域文化

地域文化决定着一个地区旅游的发展方向和特色品位,旅游有利于挖掘、丰富、优化、保护地域文化。以"认识自然、回归自然"为内核,倾力打造科普文化。以"优哉游哉、休闲放松"为内核,大力推广养生文化。以文化遗产为核心,建设和自然环境、物质文化遗产各个方面协调发展的文化生态。

(三)以文化扩大旅游消费,以旅游带动文化产业

任何一种旅游产品包含的文化要素越多,诱发旅游者消费次数就越多,经济效益就越高。将旅游消费与文化消费有机结合,有效延长旅游产业链,有力带动相关产业发展。

(四)以文化提升旅游宣传,以旅游促进文化交流

随着旅游产业区际竞争越来越激烈,运用文化的魅力进行区域旅游形象的策划和推广,显得越来越重要。坚持运用旅游形象塑造提高旅游宣传的亲和力。

第三章 史脉与湖南旅游产业的融合分析

历史文化特征分析是对地方的历史过程进行考察和分析,寻找具有一定知名度和影响力的历史遗迹、历史人物、历史事件和古代文化背景。

第一节 长沙马王堆汉墓的旅游价值

正确认识遗产旅游价值是旅游开发的基础和核心。只有掌握了遗产旅游价值大小和变化趋势,才能有针对性地实施保护和开发。但影响遗产旅游价值因素很多,既有时间因素又有空间因素,既有已知因素又有未知因素。笔者提出一个"原真性估值法",并以长沙马王堆汉墓为例进行分析,以期达到正确评估遗产旅游价值问题。

一、原真性估值法的内涵

原真性源于"Authenticity",意为原本的、真实的、可靠的、非复制的,等等。原真性是追寻和传承人类的物质和精神家园的根基;是教育和提升现代公民素质的媒介;是可持续发展和代际公平思想的体现。

原真性估值法是指:遗产旅游产品以其原真性大小为基准,在时间和空间、已知和未知等因素影响下,内在的价值量呈曲线变化,以此进行遗产旅游产品的价值估算。

其内涵的实质是指遗产旅游产品价值以遗产的原真性保护为核心。遗产地内包括遗产在内的设施建设与管理标准必须建立在遗产原真性基础上。只有在保持原真性的前提下,遗产的历史价值、艺术价值和集体记忆才能得到真正保存。

比如历史文化遗产原真性价值体现在9个方面,即:原封不动地保存(冻结保存);整旧如故、谨慎修复;适当增添;慎重重建;利用以不损坏遗产为前提;保持历史街区和古城的格局特征;保护特色建筑风格;保护历史环境;拿不准的古镇、古村、古街、古建筑应暂不拆除等。

遗产旅游产品的变化规律,始终沿原真性价值上下波动,据此可进行遗产旅游产品价值测算,更加有效地进行遗产旅游的开发与保护。

二、用"历史的原真性"原理确定长沙马王堆汉墓遗产旅游原真性价值

旅游开发过程是对世界遗产原真性的认识过程,其开发初期通常表现为对原真性的破坏上,旅游开发在本质上是一种"原真性"的回归,在未来趋势上是一种"原真性"的发展和延伸。

主要原真性组成包括:历史事件、位置、环境、技术、文物、功能、管理体制、精神和感受,其管理制度是最有价值的原真性组成。

(1)历史事件。长沙马王堆汉墓的历史事件主要阐述西汉初期长沙国丞相侯利苍及其家属有关事件。马王堆汉墓的发掘,为研究西汉初期手工业和科学技术的发展,以及当时的历史、文化和社会生活等方面,提供了极为重要的实物资料。

(2)位置。马王堆汉墓遗址位于长沙市东郊,距市中心四公里,交通便利,便于人们参观。

(3)环境。复原墓穴环境既有必要也有可能。有关专家提出,既然文物能在地底下保存两千年,那么能否人工模拟出一个类似的墓穴内环境,达到既能展示,又能有效保存的效果呢?但这涉及高难度的技术问题。可以动员全国各地的技术力量,将马王堆汉墓的延伸保护工作做好。

(4)技术。马王堆汉墓一号汉墓出土的女尸,时逾2100多年,形体完整,全身润泽,部分关节可以活动,软组织尚有弹性,几乎与新鲜尸体相似。它既不同于木乃伊,又不同于尸蜡和泥炭鞣尸,是一具特殊类型的尸体,是防腐学上的奇迹,它的发现震惊世界,吸引不少学者、游人观光。从三号墓中出土的帛书《五十二病方》,补充了《内经》以前的医学内容,是一份非常珍贵的医学遗产。

(5)文物。马王堆三座汉墓共出土珍贵文物3000多件,绝大多数保存完好。其中五百多件各种漆器,制作精致,纹饰华丽,光泽如新。珍贵的是一号墓的大量丝织品,保护完好。丝织品品种众多,有绢、绮、罗、纱、锦等。有一件素纱禅衣,轻若烟雾,薄如蝉翼,该衣长1.28米,且有长袖,重量仅49克,织造技巧之高超,真是巧夺天工。出土的帛画,为我国现存最早的描写当时现实生活的大型作品。还有彩俑、乐器、兵器、印章、帛书等珍品。

(6)功能。马王堆汉墓具有展示功能、旅游景点功能、教育功能和文物保护功能,其主要价值目前体现在作为湖南省博物馆的镇馆之宝。

（7）管理体制。马王堆汉墓原址和马王堆汉墓文物均归口湖南省政府文物管理部门管理，体制比较灵活，有利用开发和保护。

（8）精神。马王堆汉墓展示了湖湘文化的精髓，表现了湖南人敢为人先的精神。

（9）感受。参观马王堆汉墓后给人的感受是中华民族很伟大，很具智慧，能让人思索、回味，充分体现旅游珍品的价值。

三、用"演进中的原真性"原理分析长沙马王堆汉墓的遗产旅游价值

自然文化遗产的原真性具有相对性、主观性、动态性，随着人类历史的演进，其原真性呈曲线状态变化，既增值又损值，但外形却有不同程度的损伤。就自然遗产而言，由于受到自然腐蚀、污染、细菌、动植物生长和破坏等客观自然因素以及不科学的发掘与开发、缺乏项目规划、预测与决策失误、公众的忽视、磨损、涂写、走私等主观人为因素的共同作用，其原真性的生态延续更具有一定的时间和空间上的相对性。就文化遗产而言，地区、国家的文化根基、价值观念、经济基础、制度背景不同，其对自然与文化遗产的开发、保护与管理就不同。相对而言，发达国家可能更注重自然与文化遗产的精神层面的作用，发展中国家可能更注重自然与文化遗产的经济层面的作用。就口头与非物质遗产而言，它包含了人类无限的情感，在数代人的传承中逐步形成一个民族和社会的文化血脉，它不是原封不动的一种延续，而是一种由时空、文化、情感等因素相互影响的动态发展系统。

马王堆汉墓出土了3000余件西汉文物，受当时的经济条件与遗址保护条件所限，这批闻名中外的文物集中到湖南省博物馆保存。但这些文物每时每刻都在发生两个变化，一是受到自然腐蚀、污染、细菌、动植物生长和破坏等客观自然因素以及主观人为因素的共同作用而慢慢受到破坏，一是随着时间的推延文物的价值也在升值。

四、用"妥协下的原真性"原理分析长沙马王堆汉墓的遗产旅游价值

正确引导和规范旅游经营者和旅游者。对于自然遗产，旅游经营者要注重人与自然的和谐关系，避免改造、重建、增加人工建筑，以自然生态为基础，认识到人与环境的持续发展是旅游开发的必然。对文化遗产而言，旅游经营者要处理好修缮与重建的关系。由于自然力、材质、技术和人为破坏等多种原因，修缮是一种必然，但其前提是尊重历史；重建更要严格按照相应的法律条文进行，纪念建筑物、古建筑等文物已经全部损坏的，不得重新修建；因特殊需要在另地重建或原址复建的，须根据文物保护单位级别，报原核定公

布机关批准。

现代旅游者日益成熟,注重亲善自然、追求原真,有较强的环保意识。但有些情况造成"妥协下的原真性",即为了不失去遗产物体而采取的不得已而为之的保护方法。

由于历史原因,马王堆汉墓发掘后没有就地保护,包括辛追女尸在内的出土文物移至湖南省博物馆展存,造成"物址分离"状况。近年来,长沙在听取社会各界意见后,提出了让马王堆汉墓"物址合一"的构想,实现文物价值完整体现。马王堆汉墓"物址合一"工作已进入实质性阶段,专家课题组初步测算,完成这一工程约需投入 13.48 亿元人民币。而对外界担心的辛追女尸移动是否会对其产生破坏和影响的问题,有关技术专家指出,2003 年,辛追女尸已有过一次"搬迁",从有关资料来看,只要保证移动时恒温、恒湿,对文物并不会产生破坏。另一方面,中南大学湘雅医学院马王堆汉墓文化保护中心认为,在现行科技条件、保护条件下,移动女尸到汉墓发掘地遗址没有大的技术问题。

马王堆汉墓由于历史和技术原因造成"物址分离",体现"妥协下的原真性";其文物自身时时刻刻都在发生变化,体现"演进中的原真性";实施"物址合一"工程,体现"历史的原真性"。在"物址合一"后,长沙有可能将马王堆汉墓成功申报世界文化遗产。

第二节　湖南省遗产旅游开发研究

世界遗产是"人类智慧和人类杰作的突出样品",已成为高质量回归自然、回归历史的必须性的社会生活组成部分。世界上大多数国家或地区主要通过遗产旅游的方式来实现遗产资源向公众的展出功能,遗产旅游已成为这些国家或地区旅游产业发展中的名牌产品或"金字招牌",且具有不可替代的重要作用。从遗产旅游的实践来看,通过对遗产旅游的开发这一方式能够使遗产资源的旅游价值得到有效的实现与传播。湖南省作为一个遗产旅游资源发达的省份,近年来,随着一大批内涵丰富的遗产旅游资源的开发,旅游者产生了极大的兴趣。如何真正实现遗产旅游地的社会效益与经济效益双赢,充分发挥遗产旅游地的旅游功能,必须重视遗产旅游地的开发与经营。

一、遗产旅游概念的界定

遗产旅游的概念,在国外是有争论的,囊括了自然和人文两方面的遗产。国外还有许多学者对遗产旅游的起源进行过探讨,总体上是从其文化属性进行界定的,而国内遗产旅游基本是以遗产旅游观光为主,包括自然遗产、文化遗产以及自然文化复合型遗产,基本上不包括非物质文化遗产。因此本文对湖南省遗产旅游的开发主要指自然遗产、文化遗产以及自然文化复合型遗产,基本上不包括非物质文化遗产。

二、湖南省遗产旅游开发与经营现状

湖南遗产旅游资源十分丰富。据初步统计,目前可供参观游览的名胜古迹、历史纪念地、博物馆以及古遗址、古建筑、古墓葬等物质文化遗产 1300 多处。有世界自然遗产张家界武陵源,有湘西、湘南独具特色的民族风情遗产旅游资源,以湘绣、湘瓷、竹编制品、石雕制品闻名于世的湖南传统工艺品,以湘菜为代表的湖南历史悠久的饮食文化,以或豪放粗犷、或细致优雅、或诙谐夸张、或具有浓郁地方特色与现代娱乐文化,独具湖南地方戏曲艺术魅力的湘剧、花鼓戏、湘昆、祁剧、巴陵戏、阳戏等非物质文化遗产。但目前许多遗产旅游地都不同程度存在空间错位开发、景观原真性降低、管理体制不顺、人才匮乏等弊端。

(一)空间开发错位

空间开发错位是指在遗产旅游地不适当的位置和区域进行旅游设施的建设、组织旅游活动等。目前湖南省的很多遗产旅游地都存在错位开发现象。旅游经营者为了追求最大的经济效益,在遗产旅游的核心景区内建立了宾馆、饭店、培训中心、乡村摊点、索道、观光电梯、旅游列车、娱乐城、卡拉 OK 等人造景观和游览设施。如张家界武陵源曾放肆地破山石、修索道、建楼馆等大搞商业化、城市化等自杀性的经济开发利用,此种现象仍然在其他遗产旅游地随处可见。

(二)现代景观元素过多,遗产旅游地的原真性降低

目前湖南省大部分遗产旅游地为了获得经济利益,遗产旅游经营者在景区内大兴土木,对遗产旅游地的景观元素进行了现代化的改造,从而使得大部分遗产旅游地的原真性降低,在视觉上给游客造成了污染。如湘西凤凰古城,现代化的宾馆、商业场所等随处可见,如世界遗产旅游地张家界景区,经营者在坡度很大的山腰溪谷间建水库、修蓄水池、开崖凿壁、修建观光电梯,不仅在生态、花岗岩体上造成有史以来最严重的破坏,而且破坏了遗产旅游地的原真性。

(三)管理体制不顺,各利益相关者矛盾突出

在遗产资源的保护和利用上,存在遗产管理部门、旅游经营者与社区间的不平等地位,没有平衡好各方利益,从而导致遗产旅游地的社区居民参与性不强的现象。主要有:

①社区居民因被排斥在遗产保护区之外,他们的生产生活得不到保障,因而产生了一些社区居民对资源有意或无意的破坏现象。如:居民对遗产保护持反对或不支持态度,甚至用开山采石、砍伐树木、破坏生态植被等破坏行为来满足自己的短期生活需要;②经营者与管理者相互扯皮现象严重。由于体制上的不健全,景区(点)经营管理部门与当地小政府之间常常"互不买账、互不干扰",从而使遗产管理部门与当地居民相互争夺资源所有权、使用权。③产生了遗产地旅游经营活动的混乱及管理上的棘手问题。主要体现为景区内的规范化管理与区外居民经营上的不统一,居民的不规范经营对遗产地环境和资源造成了一定破坏,遗产地的旅游形象受到极大威胁。

(四)缺乏现代化高端数字化技术解说系统

遗产旅游资源具有不可再生性的特点。目前在遗产旅游资源的开发过程中,某些遗产旅游资源遭受了不同程度的破坏或丢失,遗产旅游地缺乏完善的解说系统,游客的不文明行为给遗产旅游地造成了破坏。

(五)忽视遗产地承载力,接待游客过量

遗产旅游地经常出现"人满为患"的现象,过量的游客所带来的废气、废水、垃圾等,对遗产地的旅游资源和环境产生负面影响,长期的恶性循环对遗产地的保护和旅游发展都非常不利,同时也严重地影响了游客的满意度。

(六)从业人员缺乏必要的遗产保护与开发知识,高端旅游管理人才匮乏

目前从湖南省内所开发的遗产旅游景区来看,现有人员缺乏必要的遗产保护与开发基本知识,只注重商业利益的炒作,与遗产旅游可持续发展的观念背道而驰。而既懂得遗产旅游的保护与开发,又懂得遗产旅游地的营销活动的高端人才匮乏。

三、湖南省遗产旅游开发的原则与对策

(一)开发原则

综观国内外先进经验和开发启示,湖南省遗产旅游的开发应遵循以下原则:

(1)保护遗产旅游地的原真性、完整性;
(2)社区参与,当地居民受益;
(3)严格规划,逐步开发;
(4)旅游审美与遗产保护教育相结合;
(5)依法开发。

(二)开发对策

1. 旅游设施与遗产旅游地的景观生态环境相协调,确保旅游地的原真性和完整性

"原真性和完整性"是遗产保护理论的基础和核心概念,它直接决定着遗产所表征的"文化身份"。因此,湖南省遗产旅游的开发与经营过程中,一定要注意保持遗产旅游地的原真性和完整性,拆除与旅游地的景观不相符合的现代景观元素,对那些无法拆除的现代景观元素可以进行修旧如旧的改造,营造一个真实的遗产旅游体验氛围。

2. 强化旅游地社区参与机制,协调各方利益关系

当地居民是遗产旅游地活的景观元素,是旅游地社区的重要组成部分,他们对发展旅游的态度与行为将影响到旅游地的形象和可持续发展水平,根据《保护世界文化和自然遗产公约》的要求,让旅游地居民参与旅游管理,使得当地居民能够在旅游中受益,增强其主人翁的感情,让他们感受到他们的活动也是一种资源,从而增强其保护遗产旅游资源,防止出现任何可能直接或间接损害文化和自然遗产的行为。明确政府部门的监管职能,为旅游区的发展提供保障,政府部门应作为中立方,积极调解不同居民群体之间的利益冲突。要用法律和行政手段来规范旅游经营者的行为,协调各利益相关者的关系。

3. 实施遗产旅游开发的数字化战略

旅游开发是一把双刃剑,为了达到良好的效果,在旅游开发中可以采用数字化技术,其中虚拟现实技术是20世纪末兴起的一门崭新的综合性信息数字化技术,它通过应用虚拟技术手段将世界遗产制作成各种类型的影像,如三维立体、动画等,生动展示遗产原貌,提高遗产的展出率和效果。而且,虚拟现实技术能根据考古研究数据和文献记载,模拟地展示尚未挖掘或已经湮灭了的遗址、遗存。对某些遗产旅游地的旅游资源,我们可以充分利用考古研究以及古代文献记载资料,运用虚拟现实技术将古代遗产地的景象展示出来,这样可以大大提高遗产旅游地的知名度以及游客的满意度,同时也能够实现遗产旅游地的可持续发展。

4. 借鉴国外经验,加强科学的开发与管理

没有科学的管理,势必会破坏遗产地。科学管理与开发包括将旅游区划区管理,控制区内建筑物的数量、布点以及与周围景观的和谐程度,规划旅游区内道路的建设等。可以借鉴国外先进的开发与管理经验,如澳大利亚的卡卡杜公园就是根据保护的需要划分成4个开发区:第一区建有旅店、饭馆及良好的公路和停车条件;第二区仅仅有简单的旅店,停车场减少;第三区仅提供野外宿营地和简易公路;第四区仅有人行小路和简单的营址,这样极少数的游客才能到达第四区域,即需要加强保护的区域。同时各个区域的

划分和管理措施也随时变化,不断调整,如有的地区在开放一段时间后,又实行封闭恢复。

5. 科学合理地规划,严格控制游客容量

严格按照《世界遗产公约》的要求来开发和经营遗产旅游地,可以将遗产旅游地划分成若干地区,界定每个地区的范围、界限和活动类型,在不同的地区进行不同方式和层次的开发、保护、利用和管理。如可以将遗产地分为核心保护区、核心环境区、缓冲区和边缘区。将世界遗产地内保存完好的自然景观、最具价值的景点集中分布地和保存完好的珍贵文物古迹列入核心保护区。边缘区位于景区的最外围,旅游设施可以相对集中,旅游项目也可以丰富多样,辅之以小型主题公园、度假、购物等。在旅游的开发中,不能盲目追求近期旅游开发所带来的效益,不能片面追求旅游发展的速度。旅游接待人数和旅游发展速度应充分考虑到当地的旅游容量,特别是旅游社会容量,应对游客容量进行科学合理的预算,在各遗产旅游地走上轨道后,应对游客实行"限量"接待,避免因游客超载对当地居民带来过分冲击。

湖南省作为一个遗产旅游十分丰富的省份,在其旅游开发的过程中,必须严格遵守《世界遗产公约》的要求,借鉴国外先进经验,合理科学规划,对遗产旅游地的现代景观元素进行改造和拆除,保持遗产旅游地的原真性和完整性,同时强化社区参与机制,协调各相关利益者的关系,采用现代化的高端数字技术,严格限制景区游客接待容量,实现遗产旅游地的社会效益与经济效益双赢与湖南省遗产旅游业的可持续发展。

第三节 旅游视野中湘菜文化挖掘研究

湘菜具有手工操作特征,符合非物质文化遗产的条件。但湘菜可不可以申报世界非物质文化遗产?它的遗产价值在哪里?它的遗产旅游价值又在哪里?笔者总体认为,湘菜申报世界遗产的可能性不大,因为它的遗产价值还具有局限性,不够广,不够厚实,它要与其他菜系一起以"中国烹饪"的身份才能增加分量。但它的遗产价值特别是遗产旅游价值很大,认识和开发湘菜的遗产价值和遗产旅游价值对于发展湘菜产业链、旅游产业链具有重要意义。本文从湘菜遗产旅游价值角度,分析湘菜遗产旅游价值的表现特征、核心价值点,探讨保护和开发湘菜遗产旅游价值的基本途径。

一、湘菜遗产旅游价值表现特征

湘菜遗产旅游价值具有历史悠久、景观类型多、烹饪文化突出、观赏与体验性强、蕴含巨大经济价值等5个特征：

(1)历史悠久。湘菜早在汉朝就已经形成菜系,烹调技艺已有相当高的水平。湘菜遗产旅游对旅游者来说具有相当大的吸引力,旅游者通过旅游可以从中动态地了解历史、认识历史。

(2)景观类型多。湘菜包括湘江流域、洞庭湖区和湘西山区三种地方风味。湘江流域的菜以长沙、衡阳、湘潭为中心,是湖南菜系的主要代表。在制法上以煨、炖、腊、蒸、炒诸法见称。洞庭湖区的菜,以烹制河鲜和家禽见长,多用炖、烧、腊的制法。湘西菜擅长制作山珍野味、烟熏腊肉和各种腌肉,口味侧重咸香酸辣,常以柴炭作燃料,有浓厚的山乡风味。

(3)烹饪文化突出。非物质文化遗产是鲜活的文化,具有原生态的文化基因。湖南人具有反抗坚忍、敢做敢当、忍耐刻苦、骁勇强悍的气质,这种人文特征与辣椒的精神内质相通,借辣椒的冲劲来抒情、寄意、壮怀。挖掘湘菜非物质文化遗产资源的文化内涵、探究其文化价值,是非物质文化遗产旅游向深层次开发的需求,它能使游客更好地了解非物质文化遗产所体现出的湖湘独具特色的历史文化发展踪迹,从而达到提高非物质文化遗产旅游文化品位、扩大视野、增加知识的良好效果。

(4)观赏与体验性强。湘菜展示着各民族的生活风貌、艺术创造力和审美情趣,观赏与体验性强,让游客在"吃"中体现旅游价值。

(5)蕴含巨大经济价值。湘菜非物质文化遗产由于具有原生态的文化特征,蕴含着巨大的经济价值。通过对湘菜文化的旅游开发,能更好地提高旅游地的知名度。与此同时,对湘菜进行重新设计,包装成旅游商品,旅游者购买当地的旅游商品,能对当地产生巨大的经济效益,从而拉动经济增长。

二、湘菜遗产旅游核心价值点分析

湘菜应申报传统湘菜制作技艺国家级非物质文化遗产。目前川菜有豆豉、豆瓣、榨菜三个与有关的技艺进入国家级非物质文化遗产名录,但湘菜尚无一个。但是,越来越多的湘菜传统烹饪技法正在失传,使湘菜非遗的传承、保护和发扬面临重大挑战。比如,有些传统湘菜由于工艺繁复、耗时长、利润少,餐馆不愿意做,老百姓也不会做,渐渐不为人知;有些湘菜由于对烹饪技艺要求高,而年轻一代的厨师经验欠缺,使菜式的品相和味道失准;有些老湘菜就连许多土生土长的湖南人也少有见到。湘菜的烹饪工具都较为少见,处于失传的边缘。经多年的挖掘整理,以下长沙饮食老字号特色代表菜亟待抢救:

表 3-1 长沙饮食老字号特色代表菜一览表

序号	店名	特色菜	建立年代	主理厨师代表及其特色菜
(一)清代老字号餐馆代表					
1	又一村大酒店	组庵鱼翅、奶汤鱼唇、发丝牛百叶、花菇无黄蛋、香酥鸭、锅贴鱼、烤乳猪、烧方肉、麻辣仔鸡及子龙脱袍、玉带鱼卷	建于清乾隆八年(1743)	初创时蔡海云、蔡金彪父子掌厨
2	火宫殿酒家	八大传统小吃:油炸臭豆腐、姊妹团子、八宝果饭、龙脂猪血、荷兰粉、牛肉蒸徽子、红煨蹄花、三角干子	建于清乾隆十二年(1747)	姜二爹——姜式姐妹、李子泉、胡桂英、周福生;张桂生、邓春香
3	徐长兴烤鸭店	一鸭四吃(一吃薄饼卷鸭皮、二吃鸭丁小炒、三吃鸭油蒸蛋、四吃豆腐菜心鸭骨汤)、油鸡、熘胰子白、红烩鸭舌掌	建于清咸丰年间(1851~1861)	徐文奎及其子孙主理和掌厨
4	马明德堂卤肉店	酱汁肉、酱汁玻璃肘子、粉蒸肉及各色卤味	建于清咸丰年间(1851~1861)	马明德掌管
5	李合盛牛肉馆	牛中三杰:发丝牛百叶、红烧牛蹄筋、烩牛脑髓	建于清道光十一年(1885)	李国安、李德生等主理
6	玉楼东酒家	麻辣仔鸡、发丝百叶、酱汁肘子、洞庭龟羊、柴把鳜鱼、腊味合蒸等160多个传统湘菜。	建于清光绪三十年(1904)	当时"湖南第一名厨"谭奚庭担任经理,改名"玉楼东"。先后有曹荩臣、宋善斋、舒桂卿、袁国清、周子云、石荫祥、黄谦、许菊云、王墨泉、黄邦伟、张涛、吴涛、屈卫星、王四海、李佑专、罗磊、张云、汪林、黄建国、许璨、毛天麟、龙钊、舒丹等湘菜名师主理。
7	许宏茂饭馆	酒席八碗:大烩海参、鱿鱼笋子、三元鸡(红枣、桂圆、荔枝蒸鸡)、面包鸭子(或锅烧鸭子)、扣肉(或肘子)、果饭(或橘露汤圆)、红烧鱼、火锅(或菜心肉片汤)	建于清光绪三十二年(1906)	初创时许少蘅任经理

续表

序号	店名	特色菜	建立年代	主理厨师代表及其特色菜
(一)清代老字号餐馆代表				
8	天然居酒家	去骨鸡	建于清朝末年	佚名掌厨
9	半仙乐酒楼	神仙钵饭	建于清朝末年	佚名掌厨
(二)民国年间餐饮老字号				
1	曲园酒家	奶汤生蹄筋、冬菇无黄蛋、松鼠活鳜鱼、火方冬笋尖	建于1913年	初创时霍云渠任经理。雷银生任经理时，湘菜名师袁善诚、丁云峰、史玉和掌厨。
2	三和酒家	素烧方、三层套鸭、四川豆腐、七星酸肉、口磨干丝、白汁菜心、生炒羊肚丝、栀子花	建于20世纪20年代初期	名厨柳三和掌厨
3	潇湘酒家	红煨土鲍、奶汤鱼翅、口蘑干丝、干蒸果饭	建于20世纪30年代	名厨宋善斋掌厨。石荫祥在此学艺
4	燕琼园	荷叶粉蒸鸡、火腿藕、三合泥(荸荠、青豆、黑枣)、地菜烧野鸡、豆苗炒虾仁、红烧白鳝	建于1930年	毕和清掌厨
5	李子泉饭铺	夏有龟羊汤、拉羊丝、清蒸甲鱼，秋有麻辣田鸡、红烧龟肉，冬有红烧狗肉	建于1930年	李子泉掌管
6	健乐园	组庵系列：组庵鱼翅、燕窝、整鲍、鱼生、银耳、熊掌、鸭腿、火腿、豆腐、笋泥、珍珠干贝等	建于1931年	名厨曹荩臣所设。曹四、曹九及胡少怀、柳三和、史玉和(当代湘菜大师石荫祥的师傅)掌厨
7	飞羽觞酒楼	锅巴海参、奶汤蹄筋、鲜菇无黄蛋、火方银鱼	建于20世纪30年代	名厨萧荣华掌厨
8	远东酒楼	红煨鲍鱼、炒三冬、溜鸡丝	建于20世纪30年代	佚名掌厨
9	南国酒家	烧腊、糯米蒸鸡、鱿鱼卷、原盅冬菇、炸糟白鱼	建于20世纪30年	佚名掌厨
10	强民小吃店	龟羊肉、狗肉、羊杂、狗杂、牛肉及鞭类	建于1937年	佚名掌厨
11	奇峰阁酒家	什锦面、酸辣面及"一鸭四吃"	建于1937年	初由唐晓珊与人合资经营

续表

序号	店名	特色菜	建立年代	主理厨师代表及其特色菜
(三)解放初期的餐饮老字号				
1	长沙饭店	怀胎鸡、油焖火焙嫩子鱼、腊鱼腊肉双腊合蒸、粉蒸排骨	建于1957年	首任经理盛彝,湘菜大师王葆华、谭添三、周四安、曹恒斌掌厨。

湘菜老字号特色代表菜:

(1)火宫殿八大传统小吃:包括油炸臭豆腐、姊妹团子、八宝果饭、龙脂猪血、荷兰粉、牛肉蒸饺子、红煨蹄花、三角干子等,这些小吃品位高,应申报国家级非物质文化遗产。

(2)玉楼东六道经典湘菜:包括麻辣仔鸡、发丝百叶、酱汁肘子、洞庭龟羊、柴把鳜鱼、腊味合蒸,应申报国家级非物质文化遗产。

(3)食客谭延闿:要从食客角度研究民国著名书家、当时官居国民政府行政院院长、食界"四大天王"之一的谭延闿,弘扬湘菜、宣传湘菜。

(4)湘菜大师名菜:要进行50道传统湘菜教学片的抢救拍摄工作,以传承湘菜名菜。

表3-2 50道传统湘菜教学片的抢救拍摄工作安排表

大师姓名	项目	数量(道)	备注
许菊云	热菜	8	中国烹饪大师、湘菜大师
王墨泉	热菜	8	中国烹饪大师、湘菜大师
谭添三	热菜	8	湘菜大师
聂厚忠	热菜	8	湘菜大师
黄邦美	热菜	4	湘菜大师
吴 桃	热菜	4	湘菜大师
冯智雄	热菜	2	湘菜名师
张力行	面点	4	湘菜大师
简忠姚	冷拼	2	湘菜大师
武亚斌	果蔬雕	2	湘菜名师
合 计		50	

三、湘菜传承人问题探讨

湘菜既需要传承又需要创新。创新与传承是对立统一的关系。传承是基础,没有传承就谈不上创新;而没有创新也就没有传承,一成不变地"克隆"传统,最后的结果只能是让传统失去生命力。为使湘菜发扬光大,必须从湘菜是非物质文化遗产,从保护湘菜传承人的高度来处理好创新与传承的关系。

(一)湘菜是非物质文化遗产

湘菜的特性符合申报世界非物质文化遗产的基本条件。传统湘菜烹制遵循"选料认真,切配精细,烹调讲究,味别多样,原汁原味,口味适中,浓淡分明,浓而不腻,淡而鲜香,原料入味,色彩明亮,装盘精美,以味为核心,以养为目的"的原则,具有独特的风味,其主要名菜有"东安仔鸡"、"组庵鱼翅"、"腊味合蒸"、"面包全鸭"、"麻辣仔鸡"、"龟羊汤"、"吉首酸肉"、"五元神仙鸡"、"冰糖湘莲"、"口琴卤排骨"、"富菜嫩牛肉片"、"茅根韵味鸭"、"虎皮蛋肉"、"香辣功夫鱼"、"剁椒鳙鱼头"、"皮蛋剁椒蒸土豆"、"蜜汁糯香吐司"、"拍黄瓜"等数百种。但几千年历史的湘菜仍停留在手工和口头传承方式过程中。

联合国教科文组织在《保护非物质文化遗产公约》中关于非物质文化遗产是这样定义的:"非物质文化遗产"指被各群体、团体、有时为个人所视为其文化遗产的各种实践、表演、表现形式、知识体系和技能及其有关的工具、实物、工艺品和文化场所。非物质文化遗产主要包括五个方面的内容:一是口头传统和表述,包括作为非物质文化遗产媒介的语言;二是表演艺术。它是通过人的演唱、演奏或人体动作、表情来塑造形象、传达情绪、情感从而表现生活的艺术;三是社会风俗、礼仪、节庆。它是历代相沿积久、约定俗成的风尚、礼仪、习惯的总和,是人们在衣食住行、婚丧生老、岁时节庆、生产娱乐、宗教信仰等方面广泛的行为规范和文化心理;四是有关自然界和宇宙的知识和实践;五是传统的手工艺技能。指具有高度技巧性、艺术性的手工。湘菜符合第五条,即属于传统的手工艺技能。

但随着我国现代化建设的加速,文化标准化、环境恶化、旅游业等因素给湘菜带来了威胁,有几千年历史的湘菜面临尴尬境地,一些历史上特有的湘菜的特色传统已经失传,进行抢救是当务之急。从传统湘菜的代表人物而言,大都年龄偏大,如湘菜大师许菊云、王墨泉、谭添三、聂厚忠、张力行等都是年盖六旬,有的已经过世,如第一任"湘菜大师"石萌祥擅长的腊鱼腊肉全蒸、红菜薹、冬苋菜、清煮鲢鱼汤等四菜一汤(给毛主席过生日做的菜)在其过世后很难有人能做得出石大师做的味道来。许多类别的菜的做法都只掌握在少数人手里,面临失传。

(二)湘菜传承人的定义与认定

建筑学家阮仪三曾经说过:"一个民族文化的根基、一种精神文明的传承,需要载体。"湘菜非物质文化遗产是活态文化,其最大的特点是无形性,传承人是湘菜非物质文化遗产的重要承载者和传递者,对传承人的认定及保护是对湘菜非物质文化遗产保护的核心,传承人是决定湘菜非物质文化遗产能否传承下去的关键因素。

1. 湘菜传承人定义

湘菜传承人是直接参与湘菜制作与传承、使湘菜能够沿袭的个人或群体(团体),是湘菜非物质文化遗产最重要的活态载体。

湘菜非物质文化遗产保护的重点是传承人,因为湘菜非物质文化遗产只有通过口传心授、"以师带徒"的方式传承,才能使得以世代相传,不断流、不泯灭、不消亡,在自然淘汰中逐渐形成一种相对稳定的文化传统或文化模式。传承人这一媒介更有利于湘菜非物质文化遗产原汁原味地保存下来并得到发展。在个人来说,传承的第一义是习得,即通过传习而获得;第二义是创新或发明,即在前人所传授的知识或技能的基础上,加入自己的聪明才智,有所发明有所创新,使传承的知识或技艺因创新和发明而有所增益。在群体来说,由个别人所传承的湘菜非物质文化在群体中得到传播和认同,并进入集体的"再创造"的过程。他们以超人的才智、灵性,贮存着、掌握着、承载着湘菜非物质文化遗产相关类别的文化传统和精湛的技艺,他们既是湘菜非物质文化遗产的活宝库,又是湘菜非物质文化遗产代代相传的"接力赛"中处在当代起跑点上的"执棒者"和代表人物。

2. 湘菜传承人的认定

湘菜传承人的认定是湘菜非物质文化遗产保护的首要步骤,只有确定了传承人,才能确定湘菜非物质文化遗产保护的对象,才能使非物质文化遗产传承下去,而认定传承人首先要依据法规对其进行相关调查,通过调查对符合传承人标准的代表人进行评定,然后列入《名录》对其进行确认。

对湘菜传承人的调查内容非常广泛,应针对湘菜非物质文化遗产的特殊性制定详细的传承人调查、认定的项目和标准,并要有一定的可操作性。在确定了调查对象以后,要调查其个人最基本的资料,包括姓名、性别、地址、信仰、受教育情况等,然后要调查他所传承的项目与技术,以及他的这个项目在文化社区、行业中的地位。要调查和搜集传承人的相关作品,传承人对所传承的项目的创新与发展,将调查结果系统地进行记录,通过调查对传承人的情况有一个总体上的把握。而传承人在政府或主管部门进行调查时,要积极配合,如实准确地提供个人的相关资料,为后面的认定工作做好准备。

由于湖南地处亚热带,气候多变,春季多雨,夏季炎热,冬季寒冷,因此湘菜特别讲究调味,尤重酸辣、咸香、清香、浓鲜。夏天炎热,其味重清淡、香鲜。冬天湿冷,味重热辣、浓鲜;认定传承人必须考虑湘江流域洞庭湖区和湘西山区三种地方风味的代表性问题。

另外,在政府或者专家确定某项非物质文化遗产的传承人以后,还应该有一定时期的公示或者公告期,对传承人的基本信息予以公布,并收集社会各界人士对其提出意见和建议,以便于社会公众和相关人士对其进行监督,检验认定的传承人是否真的能够代表相关项目的非物质文化遗产。

(三)保护湘菜传承人应采取的措施

1. 积极地保护非物质文化遗产

对湘菜非物质文化遗产保护首先应该尽快建立激励体制,让政府能从自身的利益目的出发,去做这项工作。另外,在政府职责中,要加强对资金的管理,政府应该设立专项基金,并且将基金的捐赠渠道向社会公布,增加公众参与的渠道,使资金的来源和用处都有有效的监督,从而更好地利用基金保护湘菜非物质文化遗产及其传承人。

2. 传承人要培养新的传承人

要"实现非物质文化遗产的代际传承"。湘菜非物质文化遗产作为一种文化形态,在保护过程中要坚持以人为本的原则,传承人应该通过师承形式、学校教育或者其他方式选择、培养新的传承人。传承人要依法举行传统文化活动。针对非物质文化遗产的多样性,传承人采取不同的传播方式,不只是单纯地宣传非物质文化遗产的内容,还应使公众更好地了解非物质文化遗产,激起公众的兴趣,在传播过程中实现湘菜非物质文化遗产自身的价值。

3. 传承人在对湘菜非物质文化遗产进行创新时,要保留湘菜非物质文化遗产的精神

作为湘菜非物质文化遗产的传承人,在承传文化遗产时,不只是创新,还应保留,保留文化遗产的精髓,创新的只是形式,这样才能更好地保护和承传文化遗产。

第四节 紫鹊界梯田的遗产旅游价值分析

紫鹊界,位于湖南省新化县,属于雪峰山脉的奉家山体系,该体系以境内最高峰海拔1585.2米的风车巷为基点,向东北方向呈扇形展开,波及水车镇、奉家镇、文田镇,总面积

440平方公里。紫鹊界位于奉家山系的中部,海拔1236米,界南属水车镇,界北归奉家镇,以紫鹊界梯田为中心向上述地方辐射,共有梯田56996亩,紫鹊界集中梯田达2万亩以上,从海拔500米到1100米之间,共400余级。坡度或平缓或陡峻,一般在25°~40°之间,最陡处50°以上。水奉公路在梯田中盘旋17公里。阡陌纵横、形状各异的紫鹊界梯田,因终年纯天然的自然灌溉而形成天人相通、水遂人愿、雨从禾需的至上理想生态。它集自然美、古朴美、形态美、文化美于一体,兼有广西龙胜梯田的秀美、云南哈尼梯田的大气、菲律宾巴纳韦梯田的险峻、越南沙坝梯田的飘逸,特色鲜明、风格独具,有"梯田王国"之美誉。

一、原生态自然灌溉系统的遗产旅游价值分析

紫鹊界大面积、大坡度的梯田,竟然没有一口山塘,全靠天然灌溉系统,潺潺流水,四季不绝、久旱不竭、洪涝无忧,堪称人类最伟大的水田工程。山有多高,水有多高,田就有多高。俗有"天下大乱,此地无忧;天下大旱,此地有收"之说。梯田自流灌溉过程是地面灌溉与地下灌溉的耦合过程,雨季以地面灌溉为主,旱季以地下灌溉为主。影响该过程的因素主要有植被、地质、地貌、人类活动及气候等,这些因素对实现梯田的自流灌溉缺一不可。特殊地质限制地下灌溉速度,而中山地貌和相对较陡的坡度,加快地下灌溉速度,两者在相互作用中取得平衡,从而保障旱季地下灌溉的时长。

1. 植被拦截和接纳降水,构成地面灌溉水源

以杉、樟、梓、竹为主的植被覆盖了紫鹊界每一个山头,其最大功效是保护土壤不被冲刷。为了保证水源,当地优先留足森林面积,林田比例约为2:1,实行山顶"戴帽子",山腰"围带子",山脚"穿裙子",分三个层次进行保护和开发。山顶高程1200m~1500m为林区,面积11万亩,占65%;山腰为梯田,高程500m~1300m,坡度为20°~40°,面积6万亩,占35%。紫鹊界大小山头植被条件好,一般都有四层植被:一层为松、柏、枫等乔木,枝繁叶茂;二层为山茶、紫荆等灌木,密织如麻;三层为蕨草和落叶,铺厚如被;四层为树、草之根,盘根错节。降雨经过如此四层植被,被充分拦截、接纳。小雨只沾湿叶片、无水滴直落地面;中雨经树枝和叶片截留后成水滴下落,但无坡面径流;暴雨经林草落叶接纳后,均匀浸润入土,地面有缓慢表流,但无集中急流。据紫鹊界气象站1990年6月15日观测,日降雨116.5 mm,没有水土流失。每亩田的土壤储水量可达$0.2m^3$~$0.4m^3$。

2. 天然的花岗岩岩溶裂隙水灌溉系统形成地下"隐形水库",构成地下灌溉水源

紫鹊界地质为花岗岩,整个山体似一座花岗岩磐石,地表以下完整无缝,如一块不透

水的塘底,其山顶和山坡所降雨水,只能从山腰坡地渗出。并且紫鹊界的花岗岩非常特殊,其土层是被地质界称为"望云山"的有4亿年年龄的黑云母二长花岗岩的巨厚层风化壳。这个风化壳近地表是20厘米左右的耕作层,分布在各级梯田的表层,这种砂土母质发育的土壤,土(砂)粒粗,其中粒径0.025mm～0.5mm的颗粒占40%～50%。孔隙率为39%～57%,平均为44.3%。其下为淀积层,厚达数十厘米到两三米;再下是成土母质层,厚度一般3m～4m,最厚可达一二十米;最下面就是基岩花岗岩了,靠上部的花岗岩至少有3m～5m裂隙发育。除基岩外,其余各层由石英和长石风化成的黏土矿物以最佳比例配置,既可大量吸收水,又能使水在其中运移。

二、丰富流动景观的遗产旅游价值分析

紫鹊界梯田堪称"流动风景"的典范:

1. 季节变换美

紫鹊界梯田地处湘中丘陵向湘西山区的过渡带,季风气候明显,雨水充沛,四季分明。这里因气温较低,全年仅栽种一季稻。清明时节,紫鹊界处于自然灌溉期,一层层的田垄被挖开一个口子,承接天降甘露,层层浸泡,水面是无法覆盖田埂的;至"五一"前后转至人工灌溉期,田垄上的小口子被村民逐一修复,采用竹槽引水,水源仍然是自然的雨水,到那时,水面与田埂平齐,从高处望去层层叠叠、波光粼粼,像一面面月牙弯镜镶嵌于群山之中;6月绿油油的禾苗铺满层层梯田;9月成熟的金黄色又会让人目不暇接,晨雾、云海、炊烟点缀着脉络分明的梯田,也环绕着稀稀落落的小村庄,伴着日出、日落,一幅幅的美景往复轮回着。

2. 每天不同时间下观赏梯田,均会呈现不同的景观特征

清晨、傍晚、雨后、霜雪等特殊气象和时间内,往往是梯田景观具观赏性的时节,而游客量最大的游览时段则景观相对平淡,因为难于把握到景区与时段、气候间的关系,所见风景也往往大打折扣。

3. 由于地表水十分丰富,空气湿度相对较高,紫鹊界一带的气象变幻莫测,常常形成云雾景观

龙普、石丰梯田披挂在或陡或缓或大或小的山坡上,层层叠叠横躺于天地间,片片相连数千亩,梯梯相垄几百台,高高低低,仿佛一道道天梯从山顶垂挂下来,直抵山脚。龙普梯田、石丰梯田南临锡溪河,一年四季有60日以上可看到雾气或者骤雨后形成的大片云海,其云雾在山黛之间流动,在梯田之中缥缈。在这里看日出,天边的朝霞与地面的白

雾交相辉映,其色彩瞬息万变,幻化无穷。

紫鹊界梯田遍布高达1200米的中低山北东南西向一面坡上,对面是宽阔的锡溪河谷冲积平地及丘陵地带,万亩梯田从早到晚受阳光沐浴。相关气候资料也记载紫鹊界"历年日照时数为1345.6小时,年平均日照率为34%",真是"万物生长有太阳"。

三、作为湖湘稻作文化标志性遗存的遗产旅游价值

紫鹊界梯田起于秦汉,形成、发展于宋明,至少已有一二千年的历史,苗瑶民族是紫鹊界梯田这个人间奇迹的始创者,也是多民族数十代人创造的物质文明和伟大成果。如果说都江堰是人类古代最伟大的水利工程,那么紫鹊界是人类古代最伟大的水田工程!在湖南道县的玉蟾洞,发现了15000年前的人工栽培谷粒;在梅山北部澧县的城头山,发现了9000年前的稻谷、稻田和灌溉沟渠;在梅山西部的高庙遗址发现了7000年前的神农炎帝像。因此在梅山腹地的紫鹊界,发现这一广达数万亩的高山梯田,是历史的必然,它是湖南万年稻作文化的标志性遗存,是早期先民从独渔独猎文化向稻作文化转化的标志性遗存,是人与自然的伟大杰作。

紫鹊界当地农民对梯田精耕细作,实现了对梯田灌溉水源的"开源"与"节流":

1. 山坡细沟与田间输水形成的地面灌溉系统

紫鹊界梯田的水源千头万绪,分布均匀,每个灌区很小,田间输水任务主要由毛细沟圳和水田来完成。从近至远,从上到下,输水方法多数采用借田而过;有的为了不串田而过,在田块内外侧用矮埂将过水渠和田分开;也有的用竹筒输水到孤立的山头台田。紫鹊界梯田灌溉工程虽然渠道短小,但设计科学,构造精巧。如奉家村梯田中从上至下有一条主槽,有引水、输水、泄洪3种功能。每隔5m~10m设一坝坎,坝虽小,功能齐全,河坝上有沉沙池,有泄洪口、分沙堰、引水涵,等等。像都江堰那样,洪水和沙从主堰泄入泄洪沟,平时清水从分水涵流入细渠和水田,实现水沙分流;洪水、渠水、田水三水分流,洪沙不入田,清水涓涓流。

2. 精耕细作与田间蓄水

紫鹊界梯田修筑技术十分科学。十万余块梯田,不用水准仪测量,每块水田水平精度极高,有些丘块长100余米,首尾水平。整个紫鹊界梯田像一条条耀眼玻璃腰带系于山腰,平如镜,坎如削,级如画,全部靠人工做成。田块蓄水面就是当地农民用的水准测量仪,田块形状与大小,依地势地形而定。层层梯田,弯如月,长如带,几乎块块形状各异。其砌筑工艺之精巧,高于画家之笔,精于匠工之斧。梯田蓄水深约5 cm~10 cm,每

亩田蓄水约 $10m^3 \sim 15m^3$，田间蓄水深度根据晴雨天气变化及时调整。梯田区农民爱水如命，天天关注田间蓄水情况。因梯田水源来之于土壤渗水，水量稳定而有限，不能随作物需求而增加，若田间水漏了，不能临时补充，故必须十分注意保护田间蓄水。为此当地农民特别注重田埂质量。田埂虽然很窄，但当地农民筑砌密实，严格做好防渗和黏土膜面。为了不让鳝鱼泥鳅打洞钻孔，穿通田埂造成渗漏，夜晚农民照着灯火细心观察田间是否有泥鳅鳝鱼等破坏田埂。当地农民还十分注意表土层的精耕细作，保持表土层的均匀细密，减少渗漏量。为了保护田块蓄水功能，梯田冬天也水满田畴，防止土层干裂，破坏蓄水保水条件。

第四章　地脉与湖南旅游产业的融合分析

地脉分析主要是对旅游景区的地文、地貌进行考察和分析。应根据区位理论重点分析旅游景区的区位条件、地理构造、分布特点（如果分布相对分散，在规划中必然要对其进行优化整合），弄清楚该地区地文、地貌的旅游开发价值，适合开发成什么类型的景区，以及景区内各景点适合于开发成什么功能的景点及其是否在地理特性方面具有与其他地区不同的特征或者占有特殊地位，因为这些都可以开发成为旅游吸引物。另外，在地脉分析时要区分出哪些是优势资源，哪些不是优势资源，哪些是潜在资源（现在无能力开发或者不是需求热点），哪些经过加工和改造便能转化为产品。潜在资源以及经过加工和改造便能转化为产品的资源可以看做是储备资源或滚动资源，这是打造景区再生能力的重要物质条件。湖南地脉旅游资源特质和潜质好，只要加以整合提升，可使融合效益倍增。

第一节　湖南地区旅游特色板块研究

一、湖南省丹霞地貌景观旅游开发探析

丹霞地貌是湖南省标志性的地质旅游景观。其数量众多、类型较全、品位独特。

表 4-1　湖南省丹霞地貌景观区汇总

景观名称	分布地区	面积（平方千尺）	形态特征
崀山丹霞	新宁崀山镇	108.0	丹峰赤壁
万佛山丹霞	通道临口镇	168.0	丹峰赤壁
南岳山丹霞	洪江沙湾镇	20.0	丹峰赤壁
思蒙丹霞	溆浦思蒙乡	40.0	丹峰赤壁
明月山丹霞	沅陵五强溪镇	21.0	丹峰赤壁
辰龙关丹霞	沅陵官庄镇	27.0	丹峰赤壁
武陵丹霞	桃源沅江风光带	20.0	丹峰赤壁

续表

景观名称	分布地区	面积(平方千尺)	形态特征
星德山丹霞	桃源西北	80.0	丹峰赤壁
五雷山丹霞	慈利东北	100.0	丹峰赤壁
石牛寨丹霞	平江东北	12.0	丹峰赤壁
爽口—长寿丹霞	平江东南	50.0	丹峰赤壁岩丘
渡口丹霞	安仁西北	10.0	露岩缓坡残峰
茶陵丹霞	茶陵浣溪—严塘	160.0	丹峰赤壁岩丘
飞天山丹霞	苏仙区北	110.0	丹峰赤壁
便江丹霞	永兴东南	40.0	丹峰赤壁
注江丹霞	永兴柏林—洞口	50.0	露岩缓坡残峰穿洞
程江丹霞	资兴程江口	33.0	赤壁丹峰
八角寨丹霞	宜章白石渡镇	30.0	丹峰赤壁
合计		1079	

根据全省丹霞地貌景观发展现状,拟构建以崀山丹霞旅游地为中心,以万佛山、思蒙、夸父山、武陵、星德山、五雷山为重要节点的西北丹霞地貌景观旅游带;构建以"百里丹霞"为龙头,以八角寨、渡口、浣溪—严塘、石牛寨为重要节点的湖南东部丹霞地貌景观旅游带。要坚持丹霞地貌景区的融合开发,促进地方旅游经济全面发展。各丹霞地貌景区在彰显自身资源特质的同时,要兼顾周边其他资源优势,积极实现丹霞地貌奇观与其他文化奇观、其他地貌奇观的融合,不断丰富丹霞地貌旅游产品内容,充实丹霞地貌旅游产品文化内容,促进地方旅游经济的深度发展。

二、武陵山地区国家级旅游资源的空间分析

表4-2 武陵山地区国家级旅游资源分布状况

分布地区	旅游资源类型					
	国家重点风景名胜区	国家5A级风景名胜区	国家4A级风景名胜区	国家3A级风景名胜区	国家级森林公园	国家级自然保护区
张家界市	1	1	8	4	2	2
湘西州	2		1	8		1
怀化市	1		1	8		1

续表

分布地区	旅游资源类型					
	国家重点风景名胜区	国家5A级风景名胜区	国家4A级风景名胜区	国家3A级风景名胜区	国家级森林公园	国家级自然保护区
渝东南	1		4	2	3	
铜仁地区	3		1	2		2
恩施州			2	3		

武陵山地区国家级旅游资源比较集中,尤其是张家界市、湘西州、怀化市、恩施州、铜仁市和黔江区最为显著,并且它们都是最主要的旅游地,根据空间聚群分布特点,合理安排旅游线路,最大限度地满足旅客需求。

第二节 湖南城市旅游发展的切入点

一、关键点:城市文化的挖掘与建设

城市旅游作为一种跨时空的消费活动,从表面上看是一种经济活动,但从实质上看则是一种游览性和观赏性的审美活动和捕捉美感的文化活动,是城市旅游资源与城市文化资源、城市旅游经营与城市文化经营、城市旅游消费与城市文化消费的结合。城市基础设施条件和城市经济发展水平虽是城市旅游发展的重要基础,然而城市文化更是城市旅游的灵魂和城市旅游持续发展的动力。没有文化内涵的城市难以成为城市旅游目的地,离开城市化的城市旅游是不充实的,是难以实现持续快速发展的。在旅游产品文化性回归的大潮中,追求文化品位,体验文化享受,感受文化氛围,接受文化熏陶,以取得情景交融的休闲、身心享受的愉悦和人生气质的升华,已成为人们的必然选择。所以,挖掘城市文化内涵,弘扬城市文化个性,营造城市文化氛围,提高城市旅游产品文化含量,确保文化品牌的不可替代性,提升旅游产品的观赏性、启迪性、教育性和参与性,增强城市文化的厚重感,是加速城市旅游发展的急切要求。

城市一般都是一定区域的政治、经济、文化、交通中心和一个完整的空间系统与社会、经济、文化系统,拥有悠久的文明历史、灿烂的古代文化、神秘的宗教文化、独特的民

俗文化、杰出的建筑文化和优秀的艺术文化等。城市建设的迅速发展和现代文化水平的不断提高，为城市文化注入鲜活的时代内容。城市建设中注入文化内涵越来越多，荷载的文化附加值越来越高，城市文化的覆盖面越来越广，渗透力越来越强，城市旅游竞争力和发展活力越来越强。源远流长的历史文化和多姿多彩的现代文化直观而生动地反映了某一地区一定时期内的文化史、民俗史、政治史、经济史、建筑史、军事史、科学史、艺术史和教育史等人类活动的历史轨迹与城市风貌，多方面、多角度、多层面体现城市的总体文化和发展轨迹。一座城市就是一部百读不厌的历史史书和人文画卷，城市文化既是城市旅游的精华，又是城市旅游的形象。城市文化已经成为城市旅游经济结构升级和城市旅游活力提升中起核心作用的重要因素。城市文化成为城市旅游的第一品牌，城市文化与城市建设的互动，构成了新时代全新的城市发展模式。所以，应该把城市文化建设提升到城市旅游发展的战略高度来统筹和谋划，把城市文化优势转化为城市旅游优势。

城市文化是城市发展过程中所创造的物质财富和精神财富的凝结物，它贯穿于城市发展的全过程，表现各自鲜明的地域性、时代性和民族性。厚重深邃的城市文化底蕴和博大精深的城市文化内涵一般都蕴含在历史古迹、旧坊民居、寻常街巷、园林胜迹、名楼古阁、寺庙碑亭等丰富的物化形态上，更形象而鲜活地表达于戏剧、古乐、歌舞、特色工艺等门类齐全的艺术形态。因此，发展城市旅游必须在整合城市文化旅游资源上积极探索开发城市文化旅游资源的新途径，突出竞争对手难以复制的个性，从蔚为壮观的城市文化资源中独具慧眼地选择具有排他性的特色文化作为永久性的识别标志，精心包装，大手笔推介。为此，应该准确把握城市最具地方特色的文脉（城市文脉是城市文化、文明生成、衍生、演化、传递等文化现象的地理空间表征，是城市文化的精神与灵魂，具有承上启下的传承功能以及阐述城市居民生活的符号功能，具有较强的独特性与差异性、不可移植性与复制性，具有较强的展示城市个性与特色的标志功能），因地制宜，分别采用集锦荟萃式、原生自然式、原地浓缩式、仿古再现式、主题附生式等开发方式，深入挖掘和提炼城市文化内涵，突出文化的地域特色、时代特色、艺术特色和习俗特色，有效保护和合理开发建筑文化、艺术文化、宗教文化、饮食文化、民俗文化、历史文化、现代文化、社区文化、广场文化、企业文化和校园文化，丰富城市旅游的文化内容，拓展城市文化空间，塑造城市文化形象，提升城市旅游品位，真正给人以悦身悦目、悦心悦意、悦志悦神的文化审美意境和美感愉悦。

城市文化的挖掘关键在于城市文化品牌的挖掘，因为城市文化品牌是城市文化价值、城市整体风貌特征、城市主导意识形态、市民素质的体现，也是城市内在素质和文化内涵的外在表现,对凝聚城市精神和升华城市形象具有十分重要的作用。所以,打造城市文化品牌,突显城市文化的地方特色、民族特色和历史特色,弘扬城市的历史文化传统、建筑外观风貌、社会文化活动及文化产业、文化产品、文化氛围的鲜明特性,维护好城市的历史传承,留住城市文化的"命脉"。塑造城市文化品牌,关键在于挖掘城市文化的特点。特色不仅是城市文化品牌的生命线,而且是城市最有价值的名片。一个城市一旦形成了鲜明的特色,就能获得长久的、无穷的生命力。

城市文化建设是城市旅游开发的基础。城市文化建设,首先就是要建设好城市文化的载体(能体现城市文化的自然景观和人文景观)。在城市文化建设过程中,应把握时代性与民族性的统一,先进文化发展方向与满足人们精神需求的统一,立足当代与理性地、创造性地继承扬优秀文化传统的统一;要认真剖析城市历史和文化历史,研究城市文化个性与灵魂,有计划、有目的地保护、修缮、重建那些具有历史价值、能展示城市历史风貌的古代建筑、历史古迹、文化遗迹、特色街巷等。再现城市各个时期各具纪念性和标志性的建筑物,培育具有强烈渗透性的先进城市文化,以传承、记忆城市发展过程的历史信息与完整的城市文脉,展现鲜明的城市文化个性;要在继承的基础上,结合当今的时代性特点,创造城市的新文化内涵,塑造独特、鲜明、富有现代特色的城市形象。

二、根本点:城市文化环境的营造与优化

城市文化环境是城市文化的母体,城市文化环境由文化景观、文化建筑、文化设施、文化活动、民俗民风、市民素质和文化产业等组成,而支撑这些因素的是城市市民。所以,城市文化环境的营造与优化,既要注意硬环境,更要注意软环境,全面提高城市生态质量、文化质量和市民生活质量,促进城市文化向更高层次发展。营造与优化对于旅游者具有吸引力的城市文化环境,是城市旅游发展的基本立足点。

旅游城市既是一定旅游区域的旅游中心,又是国内旅游和国际旅游客流的集散地,城市旅游环境的好坏,直接影响城市旅游发展的水平。一座旅游城市与周边若干个城市、若干个旅游景区组合就是一个大的旅游区。所以,必须将城市旅游作为一个大系统来考察,将其人流、物流、信息流、货币流整合起来,增强城市旅游的吸引力。为此,城市旅游发展必须纳入城市经济发展的整体规划中,城市旅游开发应该充分考虑城市社会资源的潜在保障力、城市社会经济的潜在支撑力和城市环境容量的潜在承载力,将旅游服务设施(如综合旅游服务中心、特色小吃中心、旅游饭店、旅游娱乐中心、旅游购物中心)和旅游景区(点)建设(城市内部及其周围的风景名胜区、城市园林)与城市建设(如城

基础设施、城市绿化亮化美化、历史象征性建筑、标志性建筑、绿地系统、街头小品、博物馆、纪念地、交通设施、通信设施、会展中心、体育中心、旅游中心、音乐广场、文化艺术广场、文化产业园、名人伟人塑像广场、歌舞剧院、主题公园等）有机结合起来,促进城市旅游与城市自然、经济、社会的和谐发展,将丰富多样的文化资源充分融汇到城市旅游中,把城市文化主题与内涵转变为城市旅游形象,形成城市文化的整体效应和特色效应,增强城市文化品牌的生命力和扩张力。同时,要注意全面提高市民的文化素养和精神面貌,把反映城市文化的主体与体现城市文化形象的客体完美地结合起来,使城市文化主体的精神面貌所产生的形象和城市文化客体所展现的形象产生叠加效应。

由于城市物质构成要素在历史时间上和构成形态上的差异性,以及历史渊源、地理区位、民族文化特性和功能特点的不同,每座城市都以某一历史时期的文化为特征,以某一文化内涵为代表,以某一建筑为标志,表现出明显的个性,形成鲜明的城市形象。所以,城市旅游开发必须以文化开发为主导,以文化主题宣传为中心,以文化内容策划为重点,以文化互异性为引力,以文化的碰撞和互动为过程,以文化的融合和吸收为结果,切实注意文化开发的导向（确定城市的文化格调或旅游开发的方向,特别是城市的文化属性和审美价值）、文化主题的确立（城市文化主题是城市旅游景区建设的灵魂,文化主题越突出,就越具有特色,越具有吸引力）、文化品牌的定位,对那些具有强烈可识别性的、在一定区域内是独树一帜的、能体现城市特色的文化资源进行有效的集聚、整合和利用,使其以独特的魅力在城市旅游竞争的舞台上独领风骚,使之能享誉全国,走向世界。城市文化品牌定位重中之重是确定城市文化品牌的载体,以及充当这个载体的形象或形象组合的唯一性和垄断性,文化内容策划（围绕城市文化主题,紧扣城市文脉,开拓格调高雅的文化内容）和文化形象设计（包括城市景观综合形象、主体形象策划和城市建筑格调、标识系统、旅游企业服务理念文化塑造的设计）,强化文化整体包装和载体建设,彰显建筑文化,构建公共环境文化,凝聚文化个性,拓展文化空间,美化城市文化环境,通过美的城市哺育美的城市文化,提高整个城市的文化品位,形成低成本竞争优势和产品差异型竞争优势。

营造和优化城市文化环境,应着重做好以下工作:建立城市标志性景观（如澳大利亚悉尼的港湾大桥、悉尼歌剧院、马来西亚吉隆坡的石油大厦、美国纽约的自由女神像、法国巴黎的凯旋门、上海外滩、南京夫子庙、武汉黄鹤楼等）;保护与继承好祖先遗留下来的珍贵的城市历史遗产（包括古街巷、古建筑等）和现代典型代表物（如能够反映现代普通人生活的建筑、生活器具、生活习俗表征物等物质实体）;构建生产、生活、生态、协调发展的城市环境（建市分布均匀的城区公园、市区植物园、街区花园、居民区花园、远郊专项度假休闲景区、街心花园、近邻休闲公园、缩影公园、沿街绿化带、沿江休闲风景带、工厂企业机关学校公共绿化花园）；在机场、车站、主要街道、景点周围，塑造能体现城市文化特点和旅游功能的大型古今名人雕塑、大型景区灯箱广告，充分展示城市文化特征和旅游品牌；通过已有的街区的更新与积累、历史沉淀街区规划开发与积聚、全新街区的开发规划与积聚等方法，建设集观光、休闲、餐饮、文化、娱乐、购物等多种功能于一体的综合街区，业态集中、独具特色的主题型街区，多功能的文化产业园，不同模式的复合型的旅游区和历史古街、美食街、文化街、休闲街、古玩街、休闲娱乐街、文化名人街、步行街等，满足人们日益增长的多层次休闲和旅游需要；运用视觉识别系统设计能反映城市文化品牌的城市旅游形象，借助一整套名称、标志、象征、口号等统一的形象特征，强化和突出城市形象差异，扩大城市知名度。城市旅游形象设计主要应做好以下工作：旅游标徽设计、旅游标准字体设计、旅游标准色设计、旅游吉祥物设计、旅游象征性人物设计、旅游户外广告设计、旅游纪念品设计、旅游交通工具设计。

三、支撑点：信息系统的建立与完善

在旅游客流迅速扩大和旅游需求日益多样化的今天，积极推进旅游信息化建设，建立城市旅游信息系统，发展网上广告、网上咨询、网上订货、网上服务等网上"自助旅游"电子商务，完善各类旅游预订服务，健全信息调查制度和旅游预报制，建立旅游咨询服务机构，为旅游者提供便捷的智能化网络联系方式和高度透明的全天候服务，使城市旅游资讯的展示、搜集和储存方式进入"随心所欲"的地步，迅速地将城市旅游产品展现给全球的旅游者，让人们足不出户就能领略城市各种风景名胜和人文风情，激发其前往旅游的冲动，并根据客流情况和个人爱好，合理确定出游时间和线路，预订宾馆客房、往返飞机票（车、船票）和旅游景区（点）门票，扩大旅游者的娱乐空间和行为自由度，实现真正的潇洒旅游。

旅游城市应该在机场、车站、码头等重要交通枢纽和市中心建立访客中心，为旅游者提供交通、住宿、饮食、娱乐、大型活动安排、景区（点）等各类信息，帮助游客制订完整的旅游计划。游客也可以在访客中心通过网络查询自己所需的旅游资讯。在访客中心、饭店大堂、机场、车站、码头、景区等明显处应该摆放种类丰富、数量众多的旅游宣传手册、旅游地图，向游客介绍旅游景点、旅游服务、旅游活动、旅游购物、旅游交通、表演预告、旅游娱乐等。此外，在主要景区或旅游者较为集中的地区要设立内容丰富、形式活泼、外观

醒目的旅游标识(最好配有地图)，安装问讯电脑、触摸式电脑、租车问讯电脑、自动售票机、电子导游机等，充实服务信息和服务内容，让游客感到前所未有的满足感。同时，应该定期举办大规模的文化节庆、文物精品联展、旅游工艺博览会、文化名人和纪念性活动、学术会议和文化旅游活动，充分展示城市文化魅力。

第三节 湖南乡村旅游发展的切入点

一、乡村旅游成为湖南农村新的经济增长点

传统意义上的农业功能主要是经济功能，具体地说就是食物保障、原料供给和就业增收功能。随着现代科技的应用，农业正在从传统农业向现代农业转变，农业本身的功能也正在向多种功能转变。这就是农业原有的食物保障等一般经济功能在不断强化和提升的同时，呈现出文化、生态、观光、休闲、旅游、生物质能源等新功能。一些发达国家和地区非常重视农业多功能的开发利用。如以色列农业，在土地资源十分贫瘠，沙漠占去了国土总面积的45%，且是世界上人均占有水资源最少的国家之一的情况下，运用现代科学技术，不断拓宽农业多种功能，使农业总产值年增长率始终保持在15%以上。我国农业正处于从传统农业向现代农业转变的重要阶段。农业的内涵在丰富，空间在拓宽，效用在延伸，功能在拓展：一是生态环保功能；二是旅游休闲功能；三是能源替代功能。比如我省沼气能源的开发，每年相当于节约1200多万吨标准煤，并形成了3000多万亩的护林能力。

目前，国际国内对乡村旅游的界定是指在乡村地域内，利用乡村自然环境、田园景观、农牧渔业生产、农耕文化、民俗文化、古镇村落、农家生活等资源条件，通过科学规划、开发设计，为人们提供观光、休闲、度假、体验、娱乐、健身的一种新型旅游经营活动，从而形成一种具有乡村特色的休憩产业区。它既包括乡村农业观光旅游，也包括乡村民俗文化旅游、休闲度假旅游、自然生态旅游等多个方面，是一项区别于城市旅游，具有地域性、乡土性和综合性的新型旅游业态。

随着社会经济的发展、城镇化步伐的不断加快以及人民群众价值取向的日益多元化，我国农业在继承传统文化和提供农业景观方面的非商品产出价值将日趋凸显。如梯田奇观、农家乐休闲、古镇古村落风光等。

经过多年的发展,乡村旅游已经成为湖南省特色旅游业的一个重要方面军,呈现出多元化的发展类型。一是依托旅游景区型。旅游景区附近的镇(乡)、村、点以旅游区为核心,参与旅游接待和服务,带动旅游区周边乡村的旅游住宿、餐饮、购物及配套服务。二是依托城市型。城市周边客源市场稳定,游客的回游率高,依靠城市的交通、区位优势,以休闲、体验为主要形式发展乡村旅游。三是依托特色镇、村型。有的以古城、古镇、古村、古街区、古建筑为平台发展乡村旅游;有的以特色旅游资源,如温泉、湖泊、水库、森林等兴办农家乐、农家山庄等;有的以民族民俗村落为依托,特别湘西地区比较多。四是依托新农村建设型。比较成熟的新农村建设示范点,以农村产业化为主,融合了旅游的要素来发展乡村旅游。五是其他类型。以田园风光,果树、苗木、花卉基地等为平台来吸引游客。

乡村旅游作为拓展农业功能的重要途径,正成为发展农村经济新的增长点,增加农村劳动力就业新的突破点,提高农村文明程序新的切入点和加快旅游产业调整新的着力点。其成效和作用日益凸现:一是促进了农村产业的发展;二是促进了农村环境的改善;三是促进了农村社会风气的好转;四是促进了农民就业增收。

二、加快发展乡村旅游要有新举措

乡村旅游是现代农业的重要内容,又是一种农村产业的新型业态,我们要跳出抓传统农业的方式方法,以全新的思路、定位、举措来抓,从而实现乡村旅游业的又好又快发展。

——转变观念。要按照科学发展观和构建和谐社会的要求,改变传统理念,树立新的农业农村发展观念。一是农业不等同于单纯的食物保障。随着人们需求多元化发展和不断升级,农业原有的食物保障、原料供给和就业增收功能在不断强化的同时,衍生出了许多新的功能,农业已经成为承载多功能的重要平台。二是农村不等于穷乡僻壤和落后的代名词,而是绿满大地、山明水秀、景色天成的广阔之地。丰富的自然资源和田园风光,博大精深的农耕文化、原生态的物质和文化大都植根于广袤的农村。可以经营为草根性、乡土性和娱乐性很强的休闲农业,为乡村旅游业展示广阔的发展前景。三是农民不一定都要单纯务农和当农民工。随着农业多功能的拓展,他们可以离土不离乡,在农业、农村内部选择多种职业和发展的机会。四是从事农业农村工作的同志不局限于搞农业。休闲农业、观光农业、都市农业等旅游业的兴起,使农业与旅游业走向融合。

——政策倾斜。要把乡村旅游业发展纳入社会主义新农村建设的总体规划,根据财源情况拿出一定的财政资金,用于乡村旅游的以奖代投,发挥好政府支持发展乡村旅游产业的引导作用;信贷资金特别是农村信用社应加大对乡村旅游项目和产品支持开发。要打造核心吸引物,创造核心竞争力。要合理布局产业要素,就是我们传统意义上说的吃、住、行、游、购、娱。要完善公共服务体系。县城应该成为一个重点县的旅游服务中心、集散中心、信息咨询中心、食宿接待中心、文化娱乐中心,相应的配套设施要与之相适应。特色镇、村都应该有游客中心、标识标牌体系、停车场、厕所等景区应具备的基础设施。

——突出资源个性特色。要树立品牌意识,培育乡村特色旅游精品,以创新的理念、求新的思维,结合实际,研究特色、挖掘特色、突出特色、打造特色品牌。如湘潭的荷莲,湘西、怀化一带的梯田,洞庭湖区的油菜花,张家界山区的雾凇、冰凇,岳阳县张谷英村、会同县高椅村、中方县荆坪村、江永县上甘棠、千家峒等都是个性化十足的乡村旅游资源。要坚持资源开发与保护相结合的原则,切实保护好品牌。

——健全机制。在建立健全乡村旅游管理机制的同时,要培育乡村旅游协会,通过协会构筑信息交流平台。旅游、文化、信息等部门应在导游、礼仪、歌舞、餐饮、导购等方面加大培训力度。农业部门应将乡村旅游的服务培训纳入农民素质教育的体系之中,对乡村旅游管理人员、技术人员和服务人员进行专题培训。要建立乡村旅游的营销网络,促进乡村旅游业又好又快的发展。

——搞好规划。省旅游局要根据国家旅游局的要求,择机做好全省乡村旅游资源调查,着手全省乡村旅游规划工作。各市(州)和重点县要立足本地资源、区位等实际情况,编制乡村旅游规划,同时为省局规划编制提供充实完善的第一手资料。各地要立足改变当前散、小、差的现状,整合资源,提升品位,规划建设一批交通便利、特色鲜明、功能完善、服务配套、环境优美、吸引力强的乡村旅游目的地。

——培育品牌。乡村旅游首先要立足于"农"字,以"旅"促"农",围绕农业生产、农村生活和民风民俗做好旅游文章。要让游客在乡村旅游体验中,增长农业知识,品尝农家风味,品读农耕文化,从而满足其回归自然的心理诉求。其次要以农家为单位,向游客展现农家风貌,为游客营造"第二个家"的温馨感觉。实践证明,乡村旅游如果离开了农民的参与,就失去了原汁原味的人文土壤,质朴热情的乡风农韵也就没有了载体。国内某些地方所采取的以农民宅基地和住房入股,另外建设村民安置房,再返聘部分村民为"游客生活顾问"的方法,就较好地解决了农民参与乡村旅游、服务乡村旅游的问题。再次要强调参与性,营造休闲娱乐的氛围。要突出特色,强化品牌意识,对已有品牌要进行经营与保护。在这一点上,怀化中方荆坪村就在市场上创了一条新路,村里开发的荆坪牌无公害蔬菜成了城里超市上的抢手货。

要遵循联合发展原则,走规模化经营之路。要加强区域内的统筹协调,对旅游资源进行统一规划、统一开发、统一建设。要加强区域间的旅游互动,整合优势资源,互补发展。鼓励村与村之间的联合营销、联合开发,力求达到规模效应。

要坚持特色化和多样化相结合原则,走品牌化道路。首先要坚持特色化,保护乡村景观、文化的独特性,打造差异化产品,创造知名品牌,形成乡村旅游特色业态,以知名品牌带动区域旅游发展。其次要坚持多样化,打造多层次多元化的乡村旅游品牌,满足游客的多元化旅游需求。

——注入文化。城乡文化差异是城市居民向往乡村旅游的深层次动因。城市居民去农村观光、休闲、度假的目的,就是观新赏异,体验清新、洁净的乡村生态环境和悠久的农耕文化,感受淳朴的乡情乡味。目前,客源地依托型乡村旅游产品尚停留于观光、采摘、垂钓为主的浅层次阶段,产品与市场开发能力均较为薄弱。而随着未来乡村旅游的发展,市场逐步多元化,高端市场开始形成,高素质游客对旅游经历将有更高要求,除了关注健康、舒适、卫生以外,还追求品位独特、文化底蕴、个人空间。因此,只有对深层次的农业民俗文化的开发,才能够满足市场需求的品位提升。而对于目的地依托型乡村旅游产品而言,则应重在保持原始的自然生态和原汁原味的民族的、地方的文化生态。总之,我们在开发乡村旅游过程中,要始终注意从高起点、高品位着眼。

——创新模式。各地在城乡统筹发展、新型城镇化的大背景下,要因地制宜,紧扣建设全面小康的主题,遵循科学发展的要求,积极探索适合本地的乡村旅游发展的新模式。在边远地区和经济欠发达区域,如武陵山片区,要通过开展乡村旅游,调整农村产业结构,实现当地人民脱贫致富。在这些地区,乡村旅游发展当以探索多种形式解放农村生产力,以集约化经营提高土地产出能力和经济效益为目的。在经济较为发达的城乡结合部,则要针对新型城镇化的发展要求,统筹城乡的协调发展。乡村旅游发展重在保持农村风貌、农业生态,保护农民的利益,特别是要破解如何让农民在城镇化进程中持续分享发展的成果这一难题,适时创造两型城乡一体化发展的新模式。

——营销推广。旅游经济是注意力经济,宣传营销至关重要。知名度就是生产力,美誉度就能带来效益。因此,切实做好宣传营销工作是乡村旅游发展的关键。在乡村旅游的宣传营销中要把握好三个重点:一是开展活动营销。即通过举办各种有影响力的创意活动来提升乡村旅游的知名度。如组织开展"最美村姑"评选活动,组织开展"乡村旅游进社区"活动,开展乡村旅游村镇与城区街道牵手活动等,以此来激发市民的旅游需求。湖南湘西凤凰古城开展的"天下凤凰聚凤凰"活动,把所有以凤凰为名的企业单位邀约相聚,畅谈凤凰文化,弘扬凤凰精神,就起到了很好的宣传效果。二是加强网络营销。要利用现代信息科技开展随身旅游营销。在政府的规划引导下,构建智慧旅游平台,加大网络营销力度。要引导和鼓励建立乡村旅游网站和网上预订系统,有效实现旅游互动。三是注重实施差异化营销。要做好市场的调查研究,细分目标客源市场,并针对性实施差异化营销,从而切实增强营销的针对性和有效性。

第四节　基于级差最大化组合方式的湖南立体生态旅游发展构想

旅游资源具有明显的级差性。笔者以着重分析石门县生态旅游级差的特征为例,阐明采用级差最大化组合方式发展生态旅游的重要意义和基本构想。

一、生态旅游级差特征

(一)边界生态旅游中心区域级差性

石门县地处武陵山脉北支。武陵山脉原地貌发育自北向南分为三支。北支:分布于湘、川、鄂边境的八面山、八大公山、青龙山、东山峰、壶瓶山;中支:沿澧水干流北侧的天星山、红星山、朝天山、张家界、白云山等;南支:从贵州省境延伸进入湖南的腊尔山、羊峰山、天门山、大龙山、六台山等,为武陵山脉的主脉,是澧水与沅水的分水岭。上述三支山脉均消失于洞庭湖平原。石门县处于边界生态旅游中心区域。石门县北连湖北五峰土家族自治县后河自然保护区和集游览观光、科考怀古、艺术鉴赏、文化研究、民俗采风、建筑考察等为一体的长江三峡风景区,南接张家界、桃花源,西临湖北鹤峰县多个景区,东望环洞庭湖风景区。石门县壶瓶山镇与被誉为"楚天名茶第一镇"的湖北五峰县渔洋关镇和素有"鄂西南窗"、"天然氧吧"、"中国民间文化艺术之乡"之称的鹤峰县走马镇并称湘鄂西"省际三大边境名镇"。该县距张家界、宜昌、荆州、桃花源均在100公里左右。枝柳铁路、石长铁路在石门交轨,S304省道经石门县城将207国道与长沙—张家界高速公路相连,全国各地从陆路去张家界的游客80%路经石门县城。这种具有辐射吸引、彼此互补、相互提携的边界生态旅游中心区域的特殊地位,使石门具有唯一性、稀缺性、不可复制性的生态旅游资源的级差得到进一步的提高,从而产生巨大的互补效应,有效地吸引了周边各大风景名胜区的游客进入石门享受高档次的生态旅游。

(二)生态旅游资源的品质级差性

1. 自然生态旅游资源以壶瓶山为极品,皂市人工湖次之

海拔 2098.9 米的壶瓶山是湖南最高峰,有中国中、东部地区最伟岸最悠长的地层剖面(峡谷最长达 200 多公里);有相对盖度差数百米乃至千米及中国目前出露最齐全的标准时代地层剖面和世界最大的寒武纪地层剖面,是最佳地质科普观光地。这里冬季积雪时间在一般年份达 60 天左右,且有多处山原地形,是湖南唯一可以滑雪场所。这里动植物资源丰富,是全球 200 个重点生态区之一,被称为华中地区珍贵的生物物种基因库,具有丰富的生物景观;这里河流、森林生态旅游资源丰富,是漂流、避暑的理想之地。

皂市水库属国家重点工程,总投资 31.0222 亿元,水库大坝位于皂市镇境内,距集镇只 2 公里,距石门县城 19 公里。水坝高 140 米,总库容达 14.39 亿立方米,坝址以上面积 3000 平方公里,库容区域形成大小 100 多个半岛或岛屿。水库四周群山环抱,森林茂密,欧盟认证的有机茶生产基地——白云山林场原始森林以及皂市镇万仞洞村的溶洞也在水库腹地。皂市水库不仅是一个"高峡出平湖"的人造奇观,而且是一个山水相映、岛屿棋布、峡谷悠长、环境优美的"千岛湖",乘船行舟可直抵壶瓶山风景区,也可直达热水溪和龙王洞两个风景点。因此,皂市水库坝址所在地及环皂市水库区域的自然资源非常丰富。

石门县各地都有良好的生态旅游资源,如采橘游、蒙泉水库等生态旅游的品位也比较高。

2. 人文生态旅游资源以夹山寺为极品,土家文化次之

夹山闯王陵目前在中国是举世无双,无论从历史真实性、学术研究权威性、区位、交通、陵墓格局还是气势、知名度、美誉度,夹山闯王陵胜过湖北九宫山闯王陵。闯王禅隐探秘游还可以与张家界的天门山、慈利高峰乡等闯王遗迹连成线。

石门是土家族发祥地之一,特别是石门出土的古代巴人军乐乐器虎钮錞于在全国出土最多,馆藏最多,古代巴人留给我们的珍贵遗产。现在,石门县有关人士与省内外音乐家、乐器专家经过几年的研究,已经复制成功第一批虎钮錞于,这是目前世界上第一套能够用于演奏的錞于(发掘的文物已经不能进行表演性击奏了),再现了数千年前古代巴人在錞于声的激励下,祭祀、婚庆、狩猎、农耕、战争的异俗与辉煌。

石门是红色革命老区,1932 年贺龙元帅领导的中国工农红军曾驻磨市集镇并建立过

红色革命政权。石门涌现了一批红色名人,如人民解放军创始人之一王尔琢是磨市镇商溪官桥村人;抗日名将郑洞国是石门县磨市商溪河南岳寺村人,等等。

(三)生态旅游资源的地域级差性

1. 西北部以自然生态旅游资源主体,品质最高

西北部包括壶瓶山镇、南北镇、太平镇、子良乡、所街乡、雁池乡、罗坪乡等,这里地势高峻,岩溶发育,山岭绵延,河谷纵深,自然生态旅游资源丰富,但其核心地区为壶瓶山。

2. 东南部以人文生态旅游资源为主体,自然生态旅游资源次之

东南部包括楚江镇、蒙泉镇、夹山镇、易家渡镇、新关镇、二都乡等。人文生态旅游资源以夹山寺为主,农业生态资源次之。

3. 中部自然生态旅游资源和人文生态旅游资源建有,但都较一般

中部包括皂市镇、维新镇、磨市镇、新铺乡、白云乡、三圣乡等,自然生态旅游资源以皂市水库为主体,龙王洞、热水溪温泉、峡峪河十里蜡梅沟次之。人文生态旅游资源以省级文物保护单位土家坪商代遗址为主,洛甫寺次之。自然生态旅游资源以夹山国家森林公园为主。

(四)生态旅游资源的整体级差性

从石门各地各种生态旅游资源的品质(质量、规模)、区域条件(自然生态、用地条件、城镇发展、基础设施、旅游设施)、区域特征(可及性、与其他旅游地的关系)来看,东南部的夹山国家森林公园自然生态旅游资源和夹山寺人文生态旅游资源组合好,知名度高,质量好,景区规模大(景点集中程度高,景区容纳量大),区位条件好(周边城镇多,基础设施较完备,旅游设施档次较高),可及性好(连接客源地的交通条件好,与客源地间的距离较短),与附近旅游地互补性强,与附近旅游地间的距离较近,品质最高,整体级差居优。西北部的壶瓶山等虽然区位条件欠佳(各城镇较远,基础设施和旅游设施较差),可及性不好(连接客源地的交通不便利,与客源地距离较远),但景区规模大,旅游资源质量高,与附近旅游地类型互补性较强,整体级差较优。中部的皂市水库、龙王洞等生态旅游资源的整体级差偏低。所以,东南部的夹山国家森林公园和夹山寺做优先开发,西北部的壶瓶山自然保护区次之,中部的皂市水库等再次之。

二、采用级差最大化组合方式发展生态旅游的必要性和意义

(一)级差最大化组合方式的含义

生态旅游资源的级差最大化组合方式是指生态旅游资源之间由于种类、规模、外形、

文化内涵、时间序列、区位等自身要素的差异而形成的级差以及相互补充、相互依存的关系,对这种关系加以有机组合可以使利益最大化。自然资源因人文资源的补充而产生丰富的内涵;人文资源因自然资源背景而显得独特、神秘和与众不同。差异性旅游资源可以有效结合,从而产生更大经济效应。

(二)采用级差最大化组合方式有利于摆正生态旅游的地位

1. 摆正在边界旅游区域的地位

采用级差最大化组合方式有利于发展跨区域生态旅游、谋求共赢。石门是湖南省重点培育的旅游县。石门县要充分认识到在边界生态旅游中心区域的特殊地位,即处于大湘西生态旅游区与大三峡生态旅游区的交汇处,处于核心地位,享受互补效应和聚集效应。因此,要树立"整体策划包装,联动发展"的思想。

2. 摆正在全县经济工作中的地位

石门县要充分认识本县生态旅游的价值,确立生态旅游是石门县支柱产业的思想。要明确旅游定位,加快开发旅游产品,建设精品景区,着力打造大湘西对接大三峡的桥头堡。高标准做好石门县旅游"十二五"规划。抓好夹山寺、皂市水库、壶瓶山旅游及热水溪温泉疗养、东山峰避暑度假等优势旅游项目的招商,发展采橘游、采茶游等乡村旅游,满足人们的休闲体验。

(三)采用级差最大化组合方式有利于形成立体型生态旅游发展环境

1. 以发展高层次的精神文明休闲体验旅游为目标,吸引大量不同层次、不同民族和地域背景的中外游客

生态旅游是一种经营策略,一种游憩方式,更是一种思维革命,它追求的是感悟而非物欲,是童心而非机心,是求知欲而非占有欲,是审美而非支配(享受但不占有),是一种超越口腹私欲、崇尚文化品位的旅游休憩经历和具有高度精神文明层面的休闲体验。它还把美的形象、美的色彩和莫测的科学奥秘结合在一起,不仅具有很高的旅游价值,也是修身养性、安乐之所。所以,发展生态旅游一定要提高到度假、休闲和养生的高度,吸引大量不同层次、不同民族和地域背景的中外游客。

2. 形成"大壶瓶山"立体生态旅游带

石门县发展生态旅游,就要树立"大壶瓶山"、"立体壶瓶山"的概念,进行级差最大化组合。要把壶瓶山作为石门县的形象和标志。要以壶瓶山旅游区为龙头,皂市水库旅游区和夹山寺旅游区作为龙身,把南部农业生态旅游区作为龙尾,形成大型立体生态旅游带。

3. 生态观光旅游与生态文化融合起来

在发展生态观光旅游的同时,大力发展土家族文化游、传说游。

4. 把大农业、茶产业、林产业融合起来

石门县发展生态旅游,要着重发展复合农业、"两叶(茶叶、蔬菜)一果(水果)"农业旅游,发展林业观光旅游。

5. 把山岳旅游与水上旅游融合起来

随着皂市水库、张家渡水电站(在壶瓶山景区入口形成近10公里高峡平湖)的兴建及溇水水电梯级开发,加之20世纪70年代已建成的蒙泉湖,水上旅游项目可成为湖南的一个亮点。

三、采用级差组合方式发展生态旅游的构想

(一) 分级制定发展生态旅游的政策和措施

1. 在制定发展生态旅游的政策和措施的指导思想上,要制造级差地租

要将治理成本、环境容量成本与级差地租挂钩,充分利用规划调控和级差地租杠杆作用;要允许业主制造级差地租,提升级差地租,充分享受级差地租给自己带来的效益。

2. 优先发展资源丰富地段

政府在进行旅游业宏观管理方面,通过对旅游发展空间结构的控制,可以有效地推进旅游业的持续发展。空间开发就是指实行地域间的不同等级要素的优化组合,产生整体大于部分之和的效应,增强了各旅游地对外的吸引力,同时可避免各景区单独开发、"各自为政"的局面。品牌景点旅游资源等级高,旅游市场辐射范围大,影响力大,在国内外均有良好的声望和地位,要优先发展。要优先发展壶瓶山旅游区、皂市水库旅游区、夹山寺旅游区,使发展生态旅游的级差最大。

3. 按照市场发展开发立体生态旅游

按照"政府主导,市场运作"的方针和政府只要所有权、监管权,经营权交给市场、交给投资者的原则,对旅游资源、旅游景区都可交给投资者开发经营,以国际国内通行的方式将开发经营管理权交给投资者。可以考虑整体出让壶瓶山、皂市水库(含热水溪温泉)、蒙泉湖的旅游资源,以及桩巴龙印证地、龙王洞等景点资源及虎钮錞于复制演奏等民族文化资源。开发观光橘园、茶园、茶艺、珍稀动植物园、鹿场、药场、土家老街等,积极促进壶瓶山无公害蜂蜜、马头羊肉食品、化石奇石、土家手工艺品等旅游纪念品的生产。

(二) 着力发展以精神文明休闲体验旅游为核心的立体生态旅游

在旅游资源最丰富的"大壶瓶山"立体生态旅游带进行成片开发,可以为旅游者提供

满足不同市场需求的场所、活动和设施,可以产生积极效果。如可以形成壶瓶山生态休闲、皂市水库水上旅游、夹山寺、土家生态文化等4个规模大、质量高、档次和品位符合国际潮流的旅游景区,增强对国际市场的吸引力。要推动旅游产品的升级。如对于皂市水库水上旅游,除了继续对湖区的深度开发外,还应对整个库区的景点进行广度上的开发,以形成众星拱月态势;如开发热水溪温泉疗养,峡峪河十里蜡梅沟古树观赏游,采摘野果游、观赏农业游等,走出一条独具民族特色的"立体"生态旅游发展之路。

(三)采取联动开发策略,发展边界生态旅游

国家和湖南有关政府部门要把石门的旅游发展纳入张家界旅游区、洞庭湖旅游区乃至大三峡旅游区发展范围,对石门旅游的支持力度要像张家界、湘西、鄂西等地一样。壶瓶山是连接三峡、张家界的唯一最近通道。石门距长江比张家界、湘西距长江更近,完全是长江中游大三峡旅游风光带的一部分。在交通发展后,石门除了与张家界、桃花源联为一体外,要与长江三峡、荆州、岳阳、凤凰等组合成一个旅游产品。要打造川鄂湘三省边际以生态旅游为主题,以青山绿水为主调,打造以张家界、壶瓶山为内核,融休闲、观光、探秘及客家文化为一体的综合生态旅游景区。

第五节 基于旅游梯度理论下的湖南旅游资源梯度分析

梯度是自然界和经济社会生活中普遍存在的现象。"梯度"一词的本来含义是指事物在一定方向上呈有规律的递增或递减的现象,也就是说,它是描述事物在空间内不均匀分布状况的一个概念。现实人类社会由多种复杂状态的梯度分布构成,而世界万物的发展演变也是各种梯度之间综合使用、梯度分布不断产生和消失的过程。旅游梯度理论是研究在旅游活动中,旅游现象由高到低或由低到高,逐步变化的理论。旅游活动最基本和最主要的内容,就是对客观存在的各种旅游梯度分布越来越广泛深入的利用。本文对基于旅游梯度理论下的湖南旅游资源进行梯度分析,以期深刻揭示旅游梯度的一般规律,更好地开发旅游资源。

一、湖南旅游消费水平梯度分析

旅游消费水平在各区域间的梯度分布,是人类在此基础与条件下自主活动的人文结果。湖南旅游消费水平梯度受湖南旅游产品吸引力及湖湘文化的影响,表现为以下几个方面:

1. 随着恩格尔系数的逐步降低,旅游消费形成农村、城郊、城市三级梯度

消费结构升级对旅游消费的提升作用已经显现。伴随着经济的快速发展,湖南居民恩格尔系数下降明显,2008年城乡居民恩格尔系数已分别降至36.7%和45.5%。按国际划分标准,这意味着湖南城乡居民处于居民消费结构升级的临界点,居民消费结构将不可避免地由生存性消费向发展性和享受性消费转变。而作为发展性、享受性消费的重要组成部分的旅游消费是人们在基本生活需要得到保障之后而产生的一种高层次的消费需求。

收入水平在很大程度上影响人们的旅游消费。湖南人均旅游消费水平124.3元,其中城市为292元,城郊为127元,农村为32元。城乡居民收入的不同对旅游地的生态环境、项目、住宿环境和场所差异不大,但在旅游价格、季节、停留时间具有较大差异:随着收入的增加,游客愿接受的旅游价格上限变宽,价格的敏感程度降低,同时对产品质量的要求提高,停留时间希望延长,出游季节选择更为灵活。尽管商务旅游、会议旅游等公务旅游会有快速的发展,但这不构成国内旅游消费的主体。作为国内旅游主体的家庭旅游、老年旅游,其花费在中档水平,而学生旅游则通常属于低档消费。

2. 随着旅游意识的增强,现实旅游消费水平与意向性旅游消费水平两级梯度形成

意向性旅游消费水平是潜藏在人们意识里的客观存在,是潜在旅游市场研究的一个重要方面。据调查,湖南城乡居民意向性旅游消费水平较高,通过因素交叉分析发现:意向性旅游消费水平与现实旅游消费水平呈正相关,意向性旅游消费水平与学历结构、家庭人均月收入呈正相关,在性别、年龄和家庭结构方面出现差异,但人口特征和现实旅游消费指标中对意向性旅游消费水平影响最大的是现实旅游花费、家庭人均收入、家庭结构和出游空间。

3. 由于旅游吸引物的差异,旅游消费区六级梯度形成

从消费地、消费人群、消费能力、消费水平、消费结构和消费愿望对湖南省主要旅游区进行多重考察、研究,归纳出六大旅游消费区类型,即六级梯度:旅游热区、旅游次热区、旅游冷热正常区、旅游平淡区、旅游次冷区、旅游冷区。这六级梯度的形成是由于旅游吸引物存在差异。

二、湖南旅游资源地域梯度分析

湖南省地处长江中游,洞庭湖以南,南岭以北。周邻鄂、赣、粤、桂、黔、渝六省、市。土地总面积211829平方公里,总人口6438.92万。属中亚热带季风湿润气候区。湖南地

貌的基本轮廓是东、南、西三面环山,中部山丘隆起,岗、盆珠串,北部平原、湖泊展布,呈朝北开口的不对称马蹄形盆地。各地貌单元的组成是:山原山地占51.22%,丘陵占15.4%,岗地占13.87%,平原占13.12%,湖泊水面占6.39%。地理环境优越,气候宜人,是湖南吸引游客的一个重要优势。

根据旅游资源的共性大小的办法划分,可分为三级梯度:第一梯度为山地胜景旅游资源区,第二梯度为湘中名人故里旅游区,第三梯度为平原湖泊古文化区。

第一梯度:山地胜景旅游区可分为与我国较不发达的西部、西北部靠近的山地和与我国较发达的东部、南部邻近的山地。山地胜景旅游资源湘西北、湘西山地区包括武陵山、天供山国家森林公园、张家界,这里有奇山异水和少数民族风情,是我省开发不久的旅游新区域;湘东、湘南山丘区包括:南岳衡山,九嶷山、阳明山、舜皇山三个国家森林公园。

本区与我国东部的发达城市距离较近,有很好的旅游市场。这里森林保护区繁多,是休闲探险的好去处。湘西北、湘西山区的优势是远离都市,特别是传说中的桃花源就在这里,这对厌倦喧闹的人有很大的吸引力。另外开通不久的湛江到张家界的旅游列车增加了可进入性。因此,这里是湖南省旅游业的龙头;湘东、湘南山区邻近我国发达地区,旅游市场比西部好,不足是缺乏特色,除南岳衡山外,吸引外地游客的景点不多。总体来说,湖南省的山地旅游资源除张家界之外,别的景点不可能形成广域的旅游流,而最近张家界的旅游形象又造成不利的影响,因此,改变旅游形象,增大宣传力度,是适应旅游业大力发展大趋势的必由之路。

第二梯度:湘中名人旅游区。本区的自然风光也不错,这里所说的区域划分只是从总体的角度而言。湘中名人故里、湘中丘陵区包括国家领导人:毛泽东,刘少奇,彭德怀,朱镕基;大革命时期风云人物:蔡锷,魏源,陈天华;梅山文化;台湾女作家谢冰莹;还有曾国藩故居。本区近现代文化气息浓郁。湘中自古名人荟萃,产生了融合儒道释三家的梅山文化和船山文化。在这片土地上产生了大量的伟人:从近代开始,曾国藩是第一个把湘中文化带到京城,并且产生全球影响力的人;接下来名家辈出,左宗棠、陈天华、邹荣,然后就有大革命的功臣蔡锷,并有受新文化运动影响从军的女子——谢冰莹,谢冰莹后来最终成为了台湾有影响力的作家,和湘中地区的文化底蕴是分不开的。新中国孕育的那一段时间,以毛泽东为代表的湘中人把自己从小浸润的文化结合最先进的武器,更是做出了一番轰轰烈烈的事业。如今,伟人已逝,但是精神常在。他们将文化不但传承下来,而且发展下去,可以说,湘中是在一片平静中沸腾。来这里旅游的人,一定会深深地被这里的文化所震撼。遗憾的是,这个区域的旅游宣传做得很不够。

第三梯度:湘北平原湖泊及古文化区。本区是目前湖南旅游开发的重点之一。平原湖泊及古文化旅游区包括湘北平原区马王堆汉墓,洞庭湖,长沙古城,岳阳古城,岳麓书院(今湖南大学)。湘北自古以来是湖南地区的行政枢纽所在地,该地区文化特色方面既与时俱进,又有古典气息,同时又有优美的自然风光。这里有洞庭湖,曾经号称八百里,是我国的第一大淡水湖,传说中的丐帮就在湖心的君山岛上。现在洞庭湖第一的位置虽然已经被鄱阳湖取代,但是风景和文化底蕴还在。春秋战国的时候,这里是著名的战场,也是文化争鸣的地方。到了西汉,汉景帝的儿子刘发在这里建都,称为长沙王国,管辖今天湖南的大部分地区,到唐朝广德二年设立湖南观察史,从此有了"湖南"的名称,宋朝设立湖南路。元、明两朝设置湖广行省(即今湖南、湖北两省)。清代、民国时期及中华人民共和国成立后,均设湖南省,政治中心都在湘北。目前,这里因为是湖南省的首府所在地,客源市场不愁,旅游资源也丰富,需要考虑的问题是保持旅游形象,维持稳定的发展。

三、湖南旅游产品品质梯度分析

湖南现有3036处景观,旅游资源分为7种类型,采用专家评价法与心理物理学派评价法相结合的方法,评出旅游资源质量等级为:一级131处,二级1015处,三级1369处。

3A级、2A级、1A级旅游景区由全国旅游景区质量等级评定委员会委托各省级旅游景区质量等级评定委员会负责评定。省级旅游景区质量等级评定委员会可以向条件成熟的地市级旅游景区质量等级评定机构再行委托。

4A级旅游景区由省级旅游景区质量等级评定委员会推荐,全国旅游景区质量等级评定委员会组织评定。

5A级旅游景区从4A级旅游景区中产生。被公告为4A级旅游景区一年以上的方可申报5A级旅游景区。5A级旅游景区由省级旅游景区质量等级评定委员会推荐,全国旅游景区质量等级评定委员会组织评定。

与全国别的省份相比,我省的旅游资源非常丰富、品位较高、种类齐全,许多具有世界知名度与竞争力。如屈原、蔡伦、远古始祖炎帝、舜帝陵、瑶族盘王庙、马王堆汉墓、千年学府岳麓书院、近代名人魏源、毛泽东的故居等;世界自然遗产张家界、五岳名山之一南岳、丹霞地貌崀山以及洞庭湖、岳阳楼等。我省又紧临粤港澳等全国最大的客源市场,有发展旅游产业的区位优势。近几年,省委省政府加大了对旅游产业公共设施的投入,高速公路和干线公路通往各主要景区的道路状况已经或正在得到较大改善,旅游酒店以及景区的游览设施基本配好,为旅游产业快速发展打下了坚实的基础。

但是,在产品布局、线路搭配、品牌定位方面,我省与旅游产业大省也存在差距。如我省长沙以及各市州中心城市作为旅游目的地和集散地的功能不够。旅游产业由吃、住、行、游、购、娱六要素组成,需多个产业联动,但交通条件和旅游购物、娱乐一直是我省旅游产业的薄弱环节。当然,承认差距并不等于无所作为,因为差距大,也意味着发展空间大。

旅游梯度理论把区域旅游开发看作一个连续的动态过程,应该依据该理论,针对不同类型的梯度、不同的梯度层次、不同的发展阶段,提出相应的发展战略。如基于旅游梯度理论下的湖南旅游资源梯度分析后,提出湖南旅游开发应重点注意的问题是:在旅游消费水平拓展方面,要分区域、分阶段制定营销策略;在区域湖南旅游资源开发方面,要分类制定发展策略,重视山地胜景旅游资源开发;在湖南旅游产品品质提升方面,要积极申报世界遗产,打造发展旅游业的基石,促进旅游业可持续发展。

第六节 湖南环城游憩带休闲农业发展分析

根据环城游憩带理论,在城市郊区,因既有交通便利、配套设施齐全等优势,同时还兼具良好的自然生态环境和具有大多数旅游者可接受的出行成本优势,最终形成游憩区域,其中休闲农业是主打项目。休闲农业内涵丰富,功能多样,在我国发展迅猛,正日益成为农村二三产业的重要组成部分。发展休闲农业将对稳定农产品市场、加快农业结构战略性调整、大力发展农村第三产业、有效转移农村劳动力及走生态环保、文化传承等内涵式发展道路产生积极而深远的影响。本文结合湖南实际情况,就乡村旅游重要组成部分之一的环城休闲农业生命力问题进行初步探索。

一、湖南环城游憩带休闲农业发展的条件

(一)独具特色的潇湘自然生态环境

休闲农业的特点和卖点来源于清新洁净的乡村生态环境这一独特的乡村旅游资源。湖南的城郊地带就具有这方面的独特优势。"挥毫当得江山助,不到潇湘岂有诗",这是我国宋代伟大爱国诗人陆游对潇湘山水形象的一种深切体验。北宋大画家宋迪以潇湘风景画平山近水八幅,谓之"潇湘八景图"。宋代著名画家、诗人米芾观画后,大动诗心,

特挥毫作诗配画,谓之"潇湘八景图诗"。宋宁宗皇帝读诗后丹笔御书八景组诗。自此"潇湘八景"名闻天下,乃至自宋至明清历朝历代各地纷纷仿照,出现了神州大地处处皆"八景"的盛观,甚至日本也出现了"近江八景"、"松岛八景"之类。综观八景的分布,都是地处各大城市的郊区地带。如岳阳市的"洞庭秋月"和"远浦归帆"、常德市的"渔村夕照"、长沙市的"江天暮雪"、湘潭市的"山市晴岚"、衡阳的"平沙落雁"、"烟寺晚钟"、永州市的"潇湘烟雨",都是位处城郊地带的佳景绝胜。由湖南省旅游协会组建专家评审委员会于2005年4月份启动历经一年多评选的"新潇湘八景",仍然有许多属于环城地带,如长沙市的伟人故里(含韶山花明楼,与湘潭捆绑)、长沙古迹(含马王堆汉墓陈岳麓山岳麓书阁)在人文景观类八景中占据2景;而长沙市的湘江风光带(含橘子洲)、湘电灰汤温泉山庄、千龙湖在生态休闲八景中占据3景。各城市也还有反映某一自然风景要素的"八景"、"十景"之类,如衡阳的"花药春溪"、"东洲桃浪",岳阳市的"南湖泛舟"、"金鹗叠翠"等。湖南每座城市都有一些风景绝胜的山水名胜地。如长沙岳麓山,衡阳雨母山,常德德山,岳阳君山,郴州苏仙岭,益阳桃花江、常德桃花源、永州三溪(浯溪、愚溪、濂溪)。湖南环城地带的山水奇秀景观离不开湖南的亚热带季风湿润气候、山丘岗平综合地貌景观、亚热带常绿阔叶林森林植被自然生态大环境孕育。如今在"绿化潇湘大地,再现秀美河山"的大规模"绿色运动"下,环城地带更是绿色可餐,令人神往。

(二)丰厚的湖湘历史文化遗存

湖南古属三苗之地,春秋战国时期属楚,秦置长沙、黔中二郡,汉代增设武陵、零陵郡,唐广德二年(764年)置湖南观察使,清康熙三年(1664年)置湖南布政使司,使湖南单独成为省级行政单元。历史上的湖南,政治、经济、文化活动十分活跃,留下了极为丰富的历史遗存、文化胜迹。而作为人类活动中心的城市及其"周境"更是人类文明高度集中之地。如远古时期的神农炎帝榆冈部落南迁湘江流域,在株洲东境留有炎帝陵,在衡阳东境留有其弟子的杨山祠、洪山庙和灵山庙。"舜帝南巡,死于苍梧之野,葬于零陵之九嶷",故在永州西境留有舜王山,南境留有九嶷山舜帝陵,岳阳君山上还有"二妃墓"等胜迹。三国时期,湖南各城市成为魏蜀吴角逐地带,在其城郊留下了如益阳的诸葛井、鲁肃堤、马良湖、甘宁垒、关羽濑、岳阳黄盖湖、鲁肃墓,衡阳诸葛亮点将台、张飞岭等胜迹。宋室南渡以后,政治、经济、文化中心南移,湖南成为历代王朝重点开发地区之一,尤重于文教建设,出现了"天下书院湘为盛"的盛观。除列入天下四大书院的长沙岳麓书院、衡阳石鼓书院之外,仅衡阳郊区就分布有城南龙雁书院、城西胡公书院、城东船山书院等13所书院。到了近代,湖南先后涌现了五个人才群体,文武人才辈出,真正体现了"惟楚有才,于斯为盛"的盛观。而其名人故里大多处于湖南大城市的郊区地带,如长沙的黄兴、杨开慧、徐特立故居及黄兴、蔡锷、曾国藩、左宗棠、郭亮等名人墓葬,雷锋纪念馆;湘潭的彭德怀、齐白石故居及其纪念馆等。在湖南各城市的郊区地带还集中分布有大量的古村、古镇、古民居、古桥、古塔、古寺庙、古井、古树,以及系列考古重大发现地;大革命时期和抗日战争、解放战争时期留下的红色资源和抗战旅游资源,以及独特的乡村民俗、风土人情、民间工艺、名人逸事、地方传说等,都是当代城市居民在城市无法感受到的意境和乐趣。

(三)传统与现代相互叠置的农业文明

湖南的农业文明可上推至距今6500年前。被称为"世界20世纪100项考古重大发现"之一的常德北境的城头山文化遗址,就发掘出了大片水稻田和稻谷种子。农耕文化始祖炎帝,在今茶陵教民种茶,在耒阳率群臣进行耒耕,在郴州嘉禾进行仓储的传说也为有关典籍所记载。到了春秋战国时期,湖南一带已是"饭稻羹鱼",甚至"洞庭之鲋,醴水之鱼,江浦之橘,云梦之柚",饮誉国人(《吕氏春秋·本味篇》)。唐代,洞庭湖已为"桑麻之地",湘江流域得到充分开发,出现了"漕引潇湘、洞庭……西指长安、三秦之人待此而饱"(《旧唐书·刘晏传》)的局面。其时的常德居民勤于耕织,所织锦绣"其色鲜明、不在成都官锦下"(《新唐书·地理志》)。宋代,长沙一带"山田悉垦,大量莳禾",株洲东境出现了双季稻的栽培,衡阳、永州一带农业上已出现了梯田。明代"湖广熟、天下足"的谚语已广为流传。到了清代,出现了"长沙、衡阳、永州数郡盛产谷米,连樯衔尾,浮苍梧直下羊城"的盛观(《修复灵渠陡河碑》)。民国时期,长沙是全国的四大米市之一,湘潭为国内最大的茶叶集散中心。这些表明,湖南各大城市郊区地带都是著名"鱼米之乡"。现代在衡阳北郊洋塘、郴州西境鲁庄,还留下了古代的庄园遗址,部分地区还可见水车、风车、犁、耙、石磨、水碾、鸡公车等传统农具。这些传统的农业文明点缀于现代城市郊区地带的喷灌机、抽水机、插秧机、电力打稻机等新式农具和设施农业、园区农业、高科技农业、生态创汇农业之间,为休闲者展示了丰富多彩的农业景观。

二、湖南环城游憩带休闲农业发展的特点

(一)起步慢,但发展迅速,特色性强

湖南作为内陆省区,休闲农业一直到20世纪90年代末期才起步于长沙、株洲、益阳等城市周边地区,并从投资节省、开发相对较容易、收效较快的"农家乐"旅游开始。进入21世纪后,其发展速度惊人,而且在经营项目上除"农家乐"外,又出现了观光农业、休闲

农业、生态休闲度假等新型形式。湖南环城休闲农业还根据各自的资源环境优势,发展个性较为突出的旅游项目。它们有的以原生态、少数民族的农博文化见长;有的以传统的农家乐为特色;有的则以丰富的历史文化和革命题材为背景。如益阳的"农家乐"就是利用"桃花江是美人窝,桃花千万朵,比不上美人多……"的背景,在山美、水美、人更美的桃花江畔的"洪山竹海"开发的;而且围绕"竹"字,大做"竹"文章,突出"做客竹乡农家,亲近美好自然"的主题,吃的是竹宴,睡的是竹床,用的是竹家具,观的是竹海,集中展示了竹产品农家风貌;以同样的原则,益阳还开发了"湖乡农家乐"、"花乡农家乐"、"鱼乡农家乐"、"樵乡农家乐"等系列"农家乐"旅游产品。长沙的金星生态休闲园、剑龙度假村、万虎岭休闲农业园,株洲的神农生态园、地杰山庄,衡阳的白鹭湖农业生态示范园、鄙湖生态休闲园,永州市的异蛇山庄,郴州的梦里故乡,常德的花岩溪森林公园等休闲农业旅游产品,无一不是凭借其特色资源环境开发建设的产品,可取投资省、收效快之利。

(二)规模空前,效益十分可观

有关研究表明,休闲农业与其他产业一样,其项目也需要一定规模才能显出一定的规模效益。而湖南省的环城休闲农业旅游项目也在朝这方面发展,部分项目的规模相当可观。其表现在多个方面:一是投资规模可观。仅长沙城市周边地区的乡村旅游项目,投资上千万的就有望城百果园、葆春山庄、千龙湖、金星生态休闲园、万虎岭等休闲农业项目十余家。望城百果园始建于1998年,隶属湖南省农业厅,它是国家农业部和省政府共同投资建设的国家级种苗龙头,又是我省规模最大、科技含量最高、生态环境最美、观光休闲配套最全的现代农业高科技生态观光园;二是用地规模化。如望城百果园占地面积1100亩,望城的万虎岭休闲园、株洲天元区的太高乡村俱乐部等项目,用地规模超过1000亩,而且多是利用荒山改造而成,完全符合乡村生态建设要求;三是接待规模化。长沙金星休闲生态园和株洲神龙生态园,均有床位200多个,年接待能力超过4625万人次;娄底新天地生态农庄,年接待规模在30万人次以上;望城百果园每年接待游客约20万人以上,尤其是与各大旅行社合作开展的中小学生春秋季"科技游"活动,取得较好的社会效益,百果园品牌逐渐深入人心。

(三)分布广泛,而又相对集中

从湖南现有的5000多家都市休闲农庄来看,绝大多数仍集中分布于东部"洞庭湖——湘江流域"一带,尤其是长株潭地区分布更为密集。长沙是湖南唯一的特大城市,非农人口超过200万,而且是全省的政治、经济、文化中心,人均经济收入相对较高,因而在其周边地区集中分布有一定规模的休闲农业项目900多家。金星生态休闲园、剑龙山庄、葆春山庄、樱花温泉度假村、万虎岭种养园、浏阳浩博山庄等规模型项目,都在长沙城市的外围地区。株洲市在长株潭城市群中处于中心位置,依托发达的交通枢纽优势,株洲天元区至2008年就集中分布有休闲农庄和"农家乐"旅游项目38家(其中农业休闲项目12家,农家乐26家)。其中的白莲温泉休闲基地、神农生态园、太高乡村俱乐部等乡村旅游项目的规模都相当可观。益阳、常德、衡阳、郴州、岳阳休闲农业的数量也不少,在形式上多为"客栈型"农家乐和"度假型"农家乐。尤其是常德"花岩溪农家旅馆"、桃花源的"桃源人家",都是比较有特色的项目。

三、提高湖南环城游憩带休闲农业生命力的思考

(一)塑造品牌,强调特色

环城游憩带休闲农业的快速兴起,在于绿色的乡村生态环境和原汁原味的乡土原生文化。从美学和文化的层面看,真、善、美是环城休闲农业开发的总目标和最高境界,也就是以真、善、美作为精神内核,游客达到返璞归真,体验自然真谛,感受人与自然、人与人之间的和谐相处,享受"天人合一"的美妙意境,实现"天地人和谐"的共生、共享、共美。然而湖南省个别的休闲农庄修建了豪华别墅、高级餐厅,玩的也是麻将、卡拉OK之类的城市套路,消费也很高,其结果是失去了自己的特色而效果并不理想。因此,一定要端正经营思想,研究特色,挖掘特色,强调特色,真正显现出乡村天然、朴实、绿色、清新的环境氛围,突出天趣、闲趣、野趣以及"农"味、"野"味和"乡土"味,以增加休闲农业的吸引力。休闲农业旅游者一般既注重乡土文化、乡里人情、乡间民俗、乡村气息的感受,也注重领略田园风光、学习农业技术、感悟农业生产、体验农事趣味。因此,挖掘城市郊区地带的特色文化又成为发展都市休闲农业旅游的重要课题。为此,岳阳的龙舟文化、粽子文化;长沙的花鼓戏文化、湘绣文化;衡阳的扎龙和舞龙文化;永州的舜文化、瑶文化、异蛇文化;郴州的客家文化、贬谪文化等特色地域文化都值得深入研究。须知,只有贴近自然的才是永远属于人类的;只有民族的才是大众的和世界的。

(二)科学规划,合理布局

环城游憩带休闲农业是一个涉及多行业、多部门的系统工程,受到自然生态、社会文化、经济和社会管理等多因素的制约。为综合兼顾和统筹安排各个方面的关系和利益,提高其组合效益,必须合理规划、科学设计。湖南的城郊型休闲农业在快速发展中出现了无序开发、重复建设现象。例如有的地区家家户户都是极为简陋的"农家乐",到处是

清一色的"土鸡店一条街"、"土菜馆一条街",其结果是一哄而起,一哄而散。当前最为迫切的任务就是要形成"省—市(地区)—县(区)"休闲农业项目的规划体系;而且每个层次、项目规划都应统筹全局,相互协调;并要选准目标市场,根据其各自的区域资源环境优势,突出风格和特色,以树立鲜明的旅游主题形象。规划工作一定要采用生态设计手段,将自然环境的生态功能、审美功能和精神功能有机结合,建立良好的农业景观格局。为了满足不同游客的心理需求,在规划形式上应将观光观赏、参与体验、休闲度假、乡村节庆综合考虑,以形成系列城郊型农业产品。城郊型休闲农业还应考虑产业的配套,使休闲农业的基本要素充分展示在休闲农业中,以为游客提供方便、安全、舒适、洁净的产品。合理布局也是城郊型休闲农业规划的一个重要内容。在宏观布局上,湖南环城休闲农业发展的重点应该是城市化水平较高、区域经济背景较好、自然生态环境良好的"湘江—京广"走廊地带和长常高速公路沿线地带,尤其是长株潭地区。在中观布局上,项目布局应选择离城市的最佳区位上,据吴必虎先生研究,环城休闲农业项目布局最密集的地带为距城市30公里左右的地区。在微观上一定要选择自然生态环境优美、人文环境具有特色,且水源条件好、交通便利的乡村地区。

(三)坚持科学发展观,走可持续发展之路

环城游憩带休闲农业可持续发展的内涵,是一种生态合理、经济可行、社会适宜、高效、无公害的旅游活动。它在推动旅游业向前发展的同时,可以维护城郊型郊区旅游资源的合理、永续利用,保护和改善乡村生态平衡,并能带动农村经济的发展,增加农民收入,改变城郊农村相对贫穷落后面貌,为农村经济的持续增长增加新活力。为此,一定要坚持科学发展观,统筹好各方面的关系,将开发与保障当地居民利益结合起来,创造一个环境优美、天人合一、城乡统筹、市场规范、品位高雅、生态文明的乡村旅游区,实现社会、经济、生态、环境等各方面协调共生与永续发展。为此,湖南城郊型休闲农业的可持续发展应该做好以下工作:(1)与社会主义新农村建设和全面建设小康社会相结合,"大农业"与"大旅游"相结合,城市与乡村结合,着力塑造魅力乡村、活力城市和和谐中国,推动城市与郊区实现旅游资源共享、客源互动、优势互补、共同繁荣,促进城乡交流和协调发展。(2)以农业经营为主题,以实现农业可持续发展为出发点,把农业生产、科技应用、艺术加工和旅游融为一体。不仅要充分发挥其观光休闲价值,使之成为湖南各大中城市提供优质、特色、鲜活等农副产品的重要基地和城市居民体验田园生活、农耕文化、乡村习俗的活动场所,而且,应充分利用当地景观和生态资源,不与环境保护相冲突,不以破坏自然资源为代价。特别在湖南各大中城市环境问题比较突出的情况下,其郊区的休闲农业应大力加强绿化、香化和美化工作,切实发挥好城市绿肺的作用。(3)以增加农民收益和满足消费者需求为目标,是游憩带休闲农业发展的根本目的。为此,一方面应寻求社区参与、农民参与经营的最佳模式;另一方面,应通过规划、管理、制度建设以提高都市休闲农业的服务质量,最大限度满足旅游者对休闲农业的最大享受。

第七节 湘菜美食旅游资源时空分布特征及开发策略

随着人们生活水平的提高、科技与经济的高度发展,人们的饮食观念也在随之转变,进而对自己的饮食提出新的更高的时代要求。中国饮食研究也在改变过去那种一度较偏颇的、厚古的国粹主义的观念与形而上学的方法,而面向社会化、工业化、现代化。目前专家学者对中国烹饪的空间差异、特点及其地域体系,其形成原因与发展规律等都有研究,对美食旅游的研究也有一些成果,如系统地论述湘菜美食旅游的发展,湘菜美食旅游的相关概念,美食旅游的理论基础——产业融合理论,湘菜美食旅游的发展战略、策略,湘菜美食旅游的未来发展等问题。但这些研究很少做到以大量调研资料与大量文献资料结合,来研究湘菜美食旅游资源时空分布特征,寻找振兴湘菜、开发湘菜美食旅游的策略,本文将弥补这一空白。

一、湘菜美食旅游资源概况

(一)湖南地理位置概况

湖南省位于长江中游,省境绝大部分在洞庭湖以南,故称湖南;湘江贯穿省境南北,故简称湘。湖南地处云贵高原向江南丘陵和南岭山脉向江汉平原过渡的地带。地处东经108°47′~114°15′,北纬24°38′~30°08′,东以幕阜、武功诸山系与江西交界;西以云贵高原东缘连贵州;西北以武陵山脉毗邻重庆;南枕南岭与广东、广西相邻,北以滨湖平原与湖北接壤。土地总面积211829平方公里,占全国土地总面积的2.21%,在全国各省市区中居第10位。截至2012年末,湖南省常住人口为6638.9万人。

(二)湖南美食旅游资源概况

得天独厚的地理气候条件,使湖南物产极为丰富。山区盛产竹笋、蕈、蕨等山珍和动物野味,江河湖泊盛产鱼、虾、龟、鳖、螺、蚌等水产和野鸭等水禽,平原盛产稻粱菜蔬等丰富的食用植物,星罗棋布的大小塘坝大都种有湖南的特产湘莲湖藕等,真可谓"物华天宝"、无所不有。许多湘菜中的珍肴美味,都是利用这些动植物特产制作烹饪出来的。一些著名的特产禽畜,大都与某种特定的传统名菜佳肴联系在一起,许多名菜佳肴还带有浓郁的地域特征。

二、湘菜美食旅游资源空间分布分析

(一)空间分布演变

晚清,长沙饮食业日益繁荣,出现专业饮食经营业者,分为"轩帮"和"堂帮"。轩帮有长盛轩、紫云轩及聚南珍等数家,专做上门服务;堂帮则为新兴的酒楼,如旨阶堂、式宴堂、先垣堂、菜香堂、嘉宾乐、飨香居、庆星园、同春园、六香园、菜根香等十家,人称"十柱"。此后又陆续开设了天居乐、天然台、玉楼东(初名"玉楼春")、挹爽楼、曲园、宴琼园、登瀛台、裕湘阁等。

民国初年,省级机构建立,工商兴起,资金人才流入,各种菜式汇聚长沙,名菜引入酒肆。如东安仔鸡、麻辣仔鸡、腊味合蒸、烧寒菌等,都具有浓厚的本土风味,大大充实了湖湘饮食文化内涵。据1922年《长沙市场》调查,衡阳、湘潭、邵阳、岳阳、常德、益阳、津市、郴州等地的餐馆酒楼业均有发展。省外如南京、上海、重庆、贵阳等地亦先后开设湘菜馆。

清代饮食大致分为京式、苏式和广式,民国时分为华北、江浙、华南和西南四种流派。此后华北流派分出鲁菜,江浙菜系分为苏菜、浙菜和徽菜,华南流派分为粤菜、闽菜,西南流派分为川菜和湘菜。川、鲁、苏、粤历史较早,浙、闽、湘、徽为后起之秀,最终形成川、粤、苏、闽、浙、湘、徽、鲁"八大菜系"。

(二)空间分布现实特征

空间上的分布特征:形成马蹄形"山+水+平原"板块分布。

湖南属中亚热带季风湿润气候区,气候温和,四季分明,土地肥沃,物产丰富。境内地貌特征为东、南、西三面山地环绕,东有幕阜、连云、九岭、武功和万群山脉,南有五岭(又称南岭)山脉,湘西南为雪峰山脉,湘西北为武陵山脉;湘北为平原湖泊,有滨湖平原和素有"八百里洞庭"之称的全国第二大淡水湖——洞庭湖;中部岗丘起伏,层峦叠翠,南岳七十二峰逶迤其间。整个湖南呈西高东低、南高北低、朝东北开口的不对称马蹄形盆地。由于地域因素,在历史上湘菜又形成了三大流派(见图4-1):

第四章 地脉与湖南旅游产业的融合分析

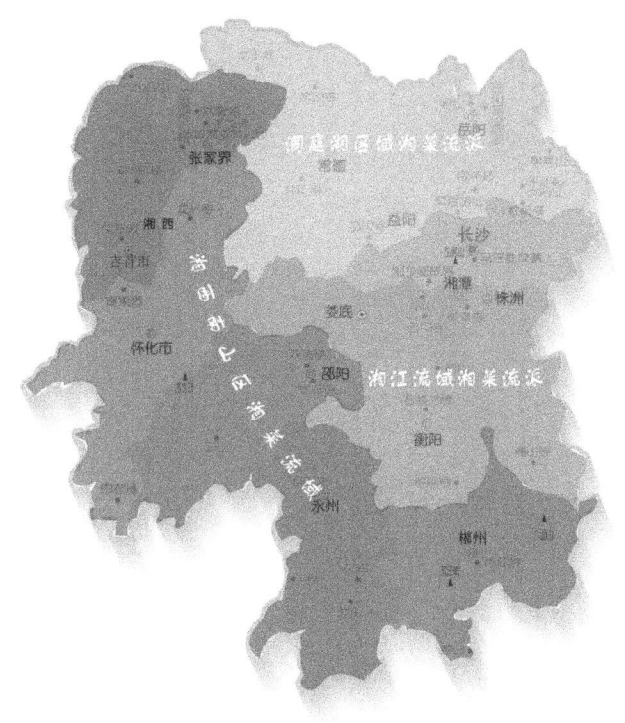

图 4-1 湘菜的三大流派区域范围图

湘江流域湘菜流派及其风味特色。湘江流域以长沙、湘潭、衡阳为中心,长沙为代表。这一地区因政治、经济、文化发达,交通便利,物产富饶,饮馔业发达。这一派系的特点是用料广泛,制作精细,特别注重刀功火候,所烹制的菜肴浓淡分明,色彩清晰;烹饪常用煨、炖、腊、蒸、炒、熘、烤、爆等方法;口味则多以酸辣、软嫩、香鲜、清淡、浓香为主。

洞庭湖区湘菜流派及其风味特色。洞庭湖区以常德、益阳、岳阳等地为中心,素称"鱼米之乡",水产品资源特别丰富,以烹制家(水)禽、野味、河(湖)鲜见长,特点是量大油厚,咸辣香软,以炖菜、烧菜出名。

湘西山区湘菜流派及其风味特色。湘西山区以吉首(湘西土家族苗族自治州)、怀化、大庸(今张家界市)等地为中心,亦含湘南山区。这些地区的物产多为山珍野味,民间习惯制作各种烟熏腊味和腌制肉品,烹制的菜肴大都也以此为主。主要的烹调方式为蒸、炖、煨、煮、炒、炸等。

湘菜马蹄形"山+水+平原"板块分布,表现原材料丰富,各板块优势互补,极利菜系发育,是天然的菜系成长地。

根据长达一年时间的调查研究,我们绘制了湖南省特色湘菜地图。

图 4-2 湖南省特色湘菜地图

(三)空间分布趋势

新中国成立以来,很多湘菜厨师进入中国驻国外大使馆,成为主厨。近二十多年来,湘菜厨师应邀到国外餐馆酒楼担任厨师,共计超过 1 万人次,其中赴德国的厨师即有四千余人。

湘菜经晋、隋、唐、五代、宋、元各代漫长岁月的发展,到明清更为兴盛,例如,在清代中叶,长沙城内陆续出现了对外营业的菜馆。二十一世纪以来,湖南率先将湘菜提升到"产业"的高度,予以特别的重视。餐饮业的飞速发展,带动了整个产业链,包括上游农副产品生产、加工,以及物流、配送、教育、培训的发展,带动了内需,吸纳了更多就业人员。至 2012 年,湖南省内成规模的湘菜餐饮企业近 4 万家,湘菜产业成为一项重要的"民生工程"。

三、湘菜美食旅游资源形成机理分析

(一)湖湘地域性地理条件有利于形成菜系

湘菜美食旅游的湖湘地域性主要体现在以下几个方面:

湘菜制作原料的地域性是指湘菜美食对原料的要求很高,都必须出产于湖湘大地上。湖南作为鱼米之乡提供独特的原料,如水产甲鱼、山龟、鳜鱼出自洞庭;湘西的腊肉、

大围山的冬笋、南岳的豆腐,出自山间,质地与众不同。此外,还有民间独特的调料支撑:浏阳的豆豉、湘潭的龙牌酱油、浏阳河小曲、娄底的山辣椒油、双峰的辣酱、攸县的蒜、醴陵的姜,都远近闻名,全国独特。

烹饪方法的地域性是指湘菜美食需要独特的烹饪技艺做支撑。同样是鸡,粤菜的白切鸡做出来皮爽肉滑骨带微红;鲁菜的德州扒鸡是烂而不腻,味道鲜美;而湘菜的东安仔鸡却麻辣鲜酸脆嫩,吃来酸辣爽口,香甜醇厚,肥而不腻,有卤鸡的清香、烧鸡的脆嫩、炖鸡的鲜美,百吃不厌,关键是烹饪东安仔鸡取料精当,烹饪技巧恰到好处。湖南的烹调师擅长于烹调酸辣。根据市肆、筵宴不同,服务对象、地域与气候、季节的不同,以及原料、菜式的不同,湖南烹调师使酸辣分出清浓、轻重层次,使它们恰到好处。湖南的烹调师还善于掌握辣椒"盖味而不抢味"的特性,在辣味的掩盖下调和百味,使人们从辣中品味百味,包括湖鲜、海鲜、鲜笋、鲜菌,乃至湖南特产的豆豉、腊味、茶油、菌油等风味,都能从辣中透溢出来。这种功夫,唯在三湘表现尽致。

烹制、盛装湘菜美食器具的湖湘地域性。铜官窑、醴陵瓷为湘菜的烹制、装盘提供了优势,使湘菜华朴相错、得天独厚。如用铜官窑出品的瓦罐煨炖的汤菜有一种独特的清香,似清水出芙蓉,天然去雕饰。其口感清新爽口,浓而不稠,肥而不腻。湘菜美食旅游还受到湖湘文化的熏陶,湘菜还兼容善变。

(二)独立行政体系有利于传承菜系

从湘菜历史发展的谱系归宿来看,在先秦之前,湘菜属于荆楚菜系的支系;秦统一全国后,郡县(州郡)行政区划的确立,使湖南作为一个政治、经济、文化的独立地区逐渐定型,湖南地区菜肴烹饪技术的发展,也与之亦步亦趋而从荆楚菜系统中独立出来,并逐渐发展成为具有独立风格品位的荆湘菜。这种独立行政体系有利于传承菜系。

(三)湖湘区域文化有利于创新菜系

湖南人热辣的性格,与湖南地处亚热带丘陵,空气潮湿,温差较大,人体需食辣椒来祛除风湿寒热有关。辣椒并非原产于中国,而是大约于明代时才从海外传入,但唯有湖南人能将辣椒发挥得淋漓尽致。

湖湘经世致用、敢为人先的风范造就着湖湘人士在尊重传统的同时,敢于超越传统,集技术于南北,贯通于中西,继创于新旧。在湘菜的菜肴中,可以闻到川菜的味道,看到鲁菜的气势,发现淮扬菜的影子,更能品味粤菜的清香。同样,还可以看到与西餐技法,如烤、烧的交融。正是通过品种兼容、原料兼容、制法兼容、调味兼容,湘人创出了与时俱进的湘菜。

四、开发策略

(一)带动性开发。实行食材开发带动菜品开发,从而带动产业开发

湘菜产业化需要三个结合:一是湘菜与农业的结合。要根据不同的地域、不同的气候,建立跨区、跨省甚至跨国的湘菜原材料基地,要用湘菜产业的利润反哺农业,确保湘菜原材料的稳定性和安全性;二是湘菜与龙头企业的结合。以湘菜为龙头将省内外一部分农业产业化龙头企业打造成湘菜的半成品或成品供应商,成为湘菜产品的生产车间;三是湘菜与流通业的结合。就是建立专业的湘菜物流配送体系,不仅要做到速达,更要做到保鲜、保质。湘菜产业化要求促进各地区的特色农副产品的发展,带动各地产业链经济发展。如,大力发展道县鹅养殖业、宁乡花猪养殖业、湘西土鸭养殖业、永州东安鸡养殖业、郴州潭州蛇养殖业、湘潭九龙鱼养殖业、洞庭湖鲟鱼养殖业、常德汉寿甲鱼养殖业等,这些养殖业都将进一步带动湘菜的繁荣发展。

(二)联动性开发。实行"湘瓷配湘菜,湘酒醉湘菜,湘茶润湘菜,湘绣映湘菜,湘旅融湘菜"的五行业融合

湘菜与其他产业交融是一种新业态,要进一步确立湘菜联合湘瓷、湘茶、湘绣、湘酒、湘旅共同发展的新思路,要进一步整合湖南本地湘字号品牌资源。湘菜作为湖南的一个文化符号,更是外地人认识湖南、了解湖南的一个标志。湘菜与其他产业交融的新业态,通过整合品牌资源,将形成"湘瓷配湘菜、湘酒醉湘菜、湘茶润湘菜、湘绣映湘菜、湘旅融湘菜"的良好局面。湖南通过湘菜输出自己的文化、理念和品牌,将成为湖南走向全国和世界的精美名片。

(三)保护性开发

建立集"吃、住、行、游、购、娱"于一体的湘菜美食旅游基地,其性质是湘菜主题公园。包括各种蔬菜种植基地、家畜养殖基地、烹饪体验基地、湘菜文化展示基地、湘菜商品销售中心。在湘菜美食基地,游客将会全面了解湘菜美食文化。

保护湘菜非物质文化遗产。一是湘菜整体申遗;二是火宫殿八大传统小吃申报国家级非物质文化遗产;三是玉楼东六道经典湘菜(麻辣仔鸡、发丝百叶、酱汁肘子、洞庭龟羊、柴把鳜鱼、腊味合蒸)申报国家级非物质文化遗产。

(四)文化性开发

建设湘菜文化创意园。吸引热爱绘画、摄影、音乐等艺术活动的爱好者、艺术家对湘菜进行研究,激发他们以湘菜为主题进行创作;设立专门的区域,供艺术爱好者们、艺术家们展示他们的作品,提供相互交流、学习的平台,也为湘菜美食旅游增添一道新的美丽风景。

开发印象湘菜旅游演艺。著名导演张艺谋指导的"印象·刘三姐"、"印象·丽江"、"印象·西湖"等大型实景文艺演出获得了巨大的成功。湘菜也可以借鉴这一成功创意,打造印象湘菜,以农田实景为舞台,挖掘湘菜传统艺术、乐曲,加以现代的加工创造,配合多媒体、声光效果,呈现一台精彩绝伦的演出。

(五)线路性开发

开发湘菜美食旅游,美食旅游是"红花",生态旅游是"绿叶",历史文化为"树干",以树干为基础,绿叶为陪衬,红、绿、褐色旅游紧密结合,美食旅游就会成为一棵常青之树。

一是开发农家乐美食旅游,把品农家美食、体验乡村美食文化作为乡村旅游的重要创新内容,让美丽的田园风景与传统的乡土美食文化巧妙结合。

二是开发古村落美食旅游,如湘西地区芙蓉镇、边城、洗车河等古镇,每逢赶场天,苗族、侗族、土家族的人们身着民族盛装汇聚到古镇。这些古镇也是少数民族美食汇集的地方,每逢赶场日,土家的油炸粑粑、米豆腐、血豆腐、神豆腐、合渣、豆皮、腊肉,苗家的泡菜、酸醉鱼、甜酒都汇聚到这里。在饮食民俗上,湘西古镇菜肴多讲究酸、辣、香味,沱江古镇的酸萝卜、苗家酸汤、苗家酸鱼、社饭、烧松粑、包谷烧,洗车河古镇的霉豆腐,里耶古镇的腌熏腊肉、油茶汤、团馓、极菌油、油糖果、米叶子、辣菜系列,江娅古镇的苞谷酒、盐豆腐干子,龙潭古镇的核粑、血豆腐、血把、碗儿糕,边城茶洞古镇的酸菜、桃花虫、山蜂蛹、机菌等均味美爽口。古村落可结合时下热门的养生话题,选择比较有市场吸引力的养生文化作为主题,发展养生餐饮等特色美食旅游产品。结合湖南古村落饮食文化,推出食疗(药膳)等旅游产品;与中医疗养相结合,推出针灸、推拿按摩等养生保健类的旅游产品;结合古村落水之灵气,推出养颜美容之类的旅游项目。

三是开发红色美食旅游,如开发井冈山—永新—茶陵—株洲"星星之火"红色美食旅游线路;韶山—宁乡—平江"伟人足迹"红色美食旅游线路;张家界—桑植—永顺—吉首—铜仁"湘西老区"红色美食旅游线路;长沙—宁乡花明楼—韶山—湘潭乌石"旭日东升"红色美食旅游线路;长沙市—平江—浏阳—醴陵—茶陵—炎陵—宜章"革命风暴"红色美食旅游线路;长沙—浏阳—醴陵—茶陵—炎陵"重上井冈山"红色美食旅游线路;长沙市—长沙县—衡阳—韶山—怀化溆浦"缅怀巾帼英烈"红色美食旅游线路等。

四是主题湘菜美食游。包括以原料为主题的美食游、以风味为主题的美食游、以功能为主题的美食游、以烹饪方法的组合为主题的美食游、以烹饪器具的组合为主题的美食游以及组合湘菜美食游等。

第五章　湖南高端文脉、史脉、地脉旅游产品开发研究

通过调研,本书研究了高端旅游内涵和湖南发展高端旅游的产品方向,分析了高端旅游者的消费行为特征。通过与国内外高端旅游发展态势良好的地区的比较研究,笔者理清湖南省开发高端旅游的思路,提出高端资源库建设思路、旅游产业布局、近期高端旅游发展重点和具体工作建议等。

第一节　湖南高端旅游资源与产品的界定

一、高端旅游的基本内涵

高端意味着对于高品质、高品格的个性化追求。高端旅游的核心在于提升旅游者的体验质量。随着旅游者收入水平的不断提高,消费行为日渐成熟,旅游消费的需求也在不断升级。他们希望获得具有更高品质的个性化、人性化的旅游体验,因而产生了对高端旅游的需求,而高端旅游则是一种高品质、个性化、充满人文关怀的旅游形式。

二、高端旅游资源的概念界定

高端旅游资源是旅游资源的一部分,具有旅游资源的所有特征。尤其具有:

1. 稀缺性

高端旅游资源具有大自然形成的高品质稀缺性。它产生于资源的不可再生、复制性、地域差异性、时空或人力资源的局限性。资源的稀缺性对旅游者极具吸引力。资源的稀缺性必将提升其长期价值。

2. 不可移动性

高端旅游资源的物质实体产生于特定的地点,不可移动。

3. 文化性

文化特质是高端旅游产品的灵魂。既要做到产品的高端化,又要注入文化元素实现核心产品的品牌化。对于高端旅游产品来说,品牌是灵,特色是魂,品位是基,质量是根,品质是本。高端旅游产品要实现这种新突破,途径就是文化创新。文化创新能给旅游增添魅力,而旅游又会给文化创新注入活力。没有文化特质的高端旅游产品,将失去高端旅游的灵魂,只能不断炒冷饭。

4. 体验性

表现为讲究精神享受层面的体验式旅游。

三、高端旅游产品的概念界定

高端旅游产品是指为满足高端旅游者的需求而在一定区域范围内被生产或开发出来,具有高品质、个性化、高附加值和高生态质量的旅游产品。

1. 高品质

高端旅游产品是在各类旅游产品中居于塔尖地位的产品,广泛存在于观光旅游、休闲度假旅游、商务旅游和特种旅游等多种旅游形式中。

从规模上看,高端旅游产品包括观光旅游中的一小部分,休闲旅游中的30%~40%,商务旅游中的50%~60%,专项旅游中的70%~80%。

从产品质量上看,高端旅游产品达到了此类产品的最高质量指标,而且较高程度地实现了符合旅游者需求(包括个性化需求)的产品功能。

从体验性和安全性上看,高端旅游产品在设计、策划、组织和服务过程中都以高投入、高技术作为支撑,体现高品质旅游产品的体验性和安全性。高端旅游产品依托的旅游资源或者旅游吸引物通常是稀缺的和珍贵的,甚至是垄断性的,然而,由于供给方产品设计水平的局限性,依托稀有的和珍贵的旅游资源打造的旅游产品则未必是高端的。如果出现这种情况,则是对旅游资源的极大浪费。

2. 个性化

具体表现在高端产品的定制性、时尚性和创造性层面。

从个性化上看,个性化有别于大众化。按照旅游者的要求进行定制设计,如与李嘉诚对话并共进午餐,感受一流企业家的做人、做事、做企业之道;

从时尚性上看,尽管高端旅游产品是小众产品,只是少数人消费,但其总会使旅游者心向往之,对旅游消费潮流产生影响,具有引领旅游时尚的作用;

从创造性上看,与低端旅游产品相比,高端产品消费主体的消费热点转移更快,加之高端旅游产品的消费者更有消费时尚产品和创新产品的支付能力,供应者更愿意对高端产品进行创新。

3. 高附加值

高端旅游产品是高投入、高成本的产品,供应方要求的回报和利润也较高,否则供应方就没有提供高端旅游产品的积极性。当然应当剔除某些旅游产品由于其具有公共产品的特性而被进行了制度化设计从而背离其实际价值的情况。

4. 高生态质量

在全球都高度重视生态环境保护和改善的时代,没有高生态质量的旅游产品很难成为高端旅游产品。旅游产品的高生态质量表现为旅游环境是生态的,旅游产品的构成要素是生态的,旅游活动的全过程是生态的。例如旅游者乘坐的交通工具使用清洁能源而且节能,吃的是有机的无公害食品,住的是绿色酒店,购买的是在低碳经济模式下生产的商品,等等。

四、湖南高端旅游产品品类

1. 高端观光旅游产品

包括世界遗产、非大众观光区以及其他具有极高观赏价值的观光旅游产品。

2. 高端休闲度假旅游产品

包括主题豪华饭店休闲度假、品牌俱乐部休闲度假、葡萄酒庄休闲度假等。

3. 高端商务旅游产品

包括高规格会议和展览旅游、跨国公司和大公司的奖励旅游、顶级国际赛事旅游、高端商务考察旅游、高端培训旅游产品。

4. 高端特种旅游产品

包括高端医疗养生旅游产品、高尔夫旅游产品、文化旅游精品、深度修学旅游产品、高规格婚庆旅游产品、奢侈品购物旅游产品、豪华邮轮游艇旅游产品等。

第二节 湖南高端旅游资源与产品的现状与问题

一、湖南高端旅游资源丰富

湖南高端旅游资源丰富：自然景观丰富；历史悠久，底蕴厚重；安全的目的地——自然灾害发生率极低；政治局势稳定；治安状况良好。

高端旅游发展迅速依托于丰富的旅游资源，湖南初步形成了高端观光、俱乐部休闲度假、豪华饭店休闲度假、生态休闲度假、高端商务、高端购物、文化创意等7类高端旅游产品。

从入境市场看，在湖南接待的入境旅游者中，高端旅游者消费对其外汇收入的贡献率已接近50%。

从本地市场看，2010年湖南人均GDP已经达到世界中等发达国家和地区的水平，旅游消费调整升级趋势明显，高端旅游需求可观。

二、湖南高端旅游产品初步形成

通过开发高端会议奖励旅游市场，积极组织旅游企业参加国际展会和专题促销活动以及加大湖南高端旅游产品的营销宣传力度，湖南逐步打造出一批会奖旅游品牌，初步树立起国际高端旅游目的地的形象。

注重创新高端旅游营销方式，如借助国际著名体育赛事、文化活动平台，实施精准营销；整合相关资源，实施联合促销。

高端旅游环境明显改善。硬件设施全面升级，扶持高端旅游发展的政策相继出台，高端旅游的服务和管理水平得到显著提升。

重视紧缺高端旅游人才的培养，特别是大型活动的举办，使大量项目策划、营销、运营等核心管理人才以及设计布展、搭建、运输及其他配套服务等环节的专项人才在实践中得到了锻炼，积累了宝贵经验。

三、湖南开发高端旅游产品存在的问题

(一)高端旅游产品开发不足，产品体系有待丰富

湖南现有高端旅游产品同质化倾向明显，且规模和档次与满足高端旅游市场需求还

有差距。

(1) 观光旅游产品还停留在传统的走马观花状态,游客的参与性、体验性不足,其功能和形式都有待创新;

(2) 休闲度假村数量较多,但"小、散、弱"问题严重,缺乏大规模、高质量、具有国际水准的高档生态休闲度假区;

(3) 湖南的文化演出产品比较丰富,但缺乏将文化、旅游活动串联起来、极具创意且深受市场欢迎的演艺类旅游大项目;

(4) 博物馆和名人故居旅游主要以藏品、逸事等静态展示、宣传为主,亟须推陈出新;

(5) 湖南的医疗养生、婚庆等优势高端旅游资源未充分利用。

(二)高端旅游产业化程度低,市场开发有提升空间

1. 高端旅游市场开发不足

针对湖南本地市场、国内其他地区市场及国外市场的高端旅游市场还缺乏细分,各细分市场的调研和开拓不够,高端旅游市场国际化程度不高。

2. 高端旅游尚未形成关联性和层次性强的产业链

从横向上看,高端旅游与体育、文化、商业等相关产业之间的融合度不够,高端旅游企业组织化意识不足,与相关高端企业协作较少,没有形成联动发展模式,难以发挥群体优势;从纵向上看,高端旅游的食、住、行、游、购、娱等核心产业及其上下游相关产业缺乏融通,无法进一步产生品质一致的更多衍生产品和服务。现有的旅游项目多集中在吃、住、游等主要环节,而购、娱等环节的高端旅游产品缺乏,旅游产业链中附加值较高的部分亟待开发。

3. 高端旅游与其他地区的合作较少。

湖南虽然提出了加强区域旅游合作、打造"无障碍旅游区"的意愿和构想,但合作的长效机制需要进一步健全,寻求更广阔空间合作面临一定的政策和制度障碍。目前的合作偏重于政府,旅游企业的积极性和主动性尚未完全发挥,企业定位不清晰和角色边缘化是很突出的问题。

(三)高端旅游产品发展的政策环境有待提升,人才体系匮乏,旅游服务的高端性欠缺

(1) 支持政策体系不健全。高端旅游发展需要在投资、税收、信贷、土地、人才引进和培养等方面出台相关支持政策及可操作的实施细则。

(2) 部门配合机制不健全。高端旅游组织与管理涉及多个部门,单靠旅游管理部门难以有效整合各方面力量,需要各部门相互配合、统一行动。但目前,各部门之间的协调

和配合程度不够,难以实行统一管理。特别是一些行政管理部门工作程序烦琐、效率不高,对吸引高端旅游投资、提高高端旅游产业竞争力产生负面影响。

(3)高级人才不足。湖南尚缺乏一批熟悉国际惯例和WTO规则、具有创新精神的高素质、复合型的经营管理人才,缺乏擅长高端旅游策划与营销、商务会奖旅游、旅游电子商务、旅游资本运作的专业人才,以及小语种导游、领队等涉外服务人才。

第三节 湖南高端旅游市场与消费特征分析

一、入境高端旅游市场

(一)湖南入境旅游市场发展概况

1. 湖南省入境旅游的时间结构情况

(1)湖南省入境旅游的年际变化情况

湖南旅游客源市场的年际变化比较明显,但总体呈现良好的发展态势。从1990年至2012年以来,湖南省入境旅游在总体上呈现幅度较大的增长趋势,1991至2012年其年增长率达24.32%。

(2)湖南省入境旅游的季节变化情况

湖南省四季皆具有可观赏参与的旅游资源,但相对来说,入境旅游季节变化明显。仅以长沙市为例,传统旺季为5~10月,淡季为11~4月。湖南省积极发展入境旅游,以国际市场为导向,在注重环境和生态保护的前提下,合理开发旅游产品。例如,张家界的冰雪美景及南岳的雾凇奇观,这些具有特色的冬季旅游产品,对于提高湖南省旅游业的综合效益,弥补因季节性所导致的旅游资源价值差异,吸引海外旅游者产生了积极的作用。

(3)湖南省入境游客的平均停留时间

在2007年到2012年期间,入境游客在湖南省平均停留时间低于全国。这主要是由于湖南省以山水风光为主的自然生态观光旅游产品,因而导致游客停留时间短,入境游客在湖南省平均停留时间已低于全国水平,在竞争中已处于不利地位。湖南省今后应依托自身优势,改变入境客源结构,在完善提升现有观光产品的前提下,加快建设休闲度假旅游产品和专项旅游产品,来延长游客的停留时间。

2. 湖南省入境旅游的空间结构情况

湖南入境游客以亚洲游客为主要客源市场,主要客源国中亚洲国家数量最多,日本、韩国、新加坡等国的入境旅游者在总人数中的比例较大；湖南国际客源市场前10位的主要客源国依次为：韩国、美国、日本、加拿大、马来西亚、新加坡、德国、法国、英国、澳大利亚。近年来俄罗斯、澳大利亚、德国等增幅速度较快，成为主要的新兴市场客源国。作为传统客源市场的亚洲地区在总人数中的比例呈下降趋势，而欧美国家作为新兴的客源市场则呈现了较好的发展势头，一方面说明湖南省旅游不断开拓新市场的目标的实现，另一方面又说明了旅游资源对传统客源国吸引力的下降。

3. 湖南省入境游客的消费结构情况

旅游消费结构能直观地体现旅游业的产业结构特征，进而检验整个旅游业的经济结构是否合理。2010年湖南省入境旅游者的花费在交通、住宿、餐饮这三项基本消费中所占的比例为37.1%，而在非基本消费项目中，购物一直占有较大的份额，游览项目所占比例虽有所增加，但增幅不大。

(二)湖南省入境旅游所面临的挑战

涉外接待能力尚有大幅改进的空间。旅游交通、旅行社、旅游饭店是旅游业的3个主要构成部分。湖南省近几年旅游交通方面有着极大的改观，对入境旅游业的发展起了十分重要的推动作用。而在饭店方面，处于我国中等水平，须进一步加快湖南省饭店行业在软硬件方面的建设。

湖南省旅游资源丰富，但入境旅游起步相对较晚，其入境旅游业在全国市场中所占的份额较小。据统计,2012年湖南省接待入境游客居全国的第17位,外汇收入居于全国第12位。但不论在旅游人数还是外汇收入方面，与我国主要入境旅游地区广东、上海、北京等还存在着较大的差距。因此湖南省应积极开拓客源市场，提升湖南省的竞争力，促使湖南省入境旅游得到长足的发展。

二、国内旅游市场

1. 国内外省市游客来湘目的

目前,国内外省市散客来湘观光游览的比例高达38.9%,商务旅游也达30%,但休闲度假的比例仅为8%,相对于湖南庞大的休闲度假旅游基础还是比较低的。

2. 人均花费

2010年国内居民过夜游客来湖南人均花费为482元,低于北京的833元,上海的686元,香港的6073元,这一方面说明内地游客的消费潜力巨大，另一方面说明湖南对国内市场开发不够。

3.湖南地区高端旅游市场

国内旅游消费规模的不断扩大为湖南发展高端旅游创造了坚实的需求基础。湖南经济的快速增长显示出较强的旅游消费能力。湖南休闲旅游市场、乡村旅游、会议旅游市场全面、快速发展。各种满足高端旅游者的新型业态产品,如生态旅游集聚区、葡萄酒庄得到了快速的发展。

三、高端旅游市场的旅游消费特征

1.高端旅游市场的消费者类别和特征

高端旅游市场的购买者类别主要有:一是社会名流,如政界、企业界、文艺界、科技界、学界、体育界等的知名人士和社会贤达,他们引领消费潮流,具有较强的示范作用;二是企业经营者、职业经理人(或称公司的白领及以上人士);三是自由职业者;四是特殊兴趣旅游者;五是部分退休者。

高端旅游的基本特征是花费高、时间长、要求高。高端旅游市场的旅游消费基本特征可以概括为:选择新型生活方式;存在一个相对稳定但又处于动态变化中的高端旅游圈;对于完善的专业型旅游产业链、产品线以及健全的旅游保障系统要求高,注重旅游体验感和自我价值的彰显。

2.高端旅游者的消费行为特征

一是较强的旅行资讯收集、整理和分析能力。此类消费者几乎都在事前对自己前往的旅行目的地进行过仔细的研究和信息收集。他们通过互联网、旅游书籍、杂志、海外朋友介绍等途径对前往目的地有着相当程度的认识。

二是较强的个人旅行方式的选择能力。此类消费者有着决定适合自己旅行方式的能力,无论是背包旅行、飞机旅行、火车旅行或者邮船旅行,客人都会根据自己的经济情况、生活习惯、个人性格等,自我设定旅行中的交通方式、假期天数、大致行程、住宿标准、申请签证方式等。要这些客人直接接受任何一个完美的现成全包PACKAGE服务是比较困难的。他们更需要的是点菜式的、可自由挑选服务单元的、灵活的旅行服务。

三是弹性的消费支付能力。此类客人在旅行支付标准方面一般都有自己的整体预算,但在具体服务项目落实过程中,在他们认可其合理度的前提下也能灵活地调整自己的支付预算,对价格敏感度明显低于低端产品的消费者。他们更多的是对所获得的服务支出与其心理接受价格进行相比,而不是考虑价格的绝对高低,并不是一味地要求价格的绝对低廉。

四是较强的多元化通信平台的使用能力。此类消费群客人由于其职业、教育等关系,除了传统的电话、传真等通信工具外,都比较偏向使用网络沟通、电子邮件、手机短消息等高效、经济、便利的现代通信工具。

3.高端旅游者最易辨认的特征

(1)住店要求高

高端旅游人群的一个明显特征,就是舍得在吃住上花钱,尤其是在住宿方面花费不菲。住"五星"固然好,但如果还有"六星"、"七星"酒店,也可以去试一试——无论是马尔代夫的水屋,还是文莱的帝国酒店,或是迪拜的帆船酒店。

造成高端人群"舍得"的原因,除了他们本身经济条件较好外,更深层次的原因是因为他们理解到休闲的可贵,并希望以此为压力巨大的日常生活"减压"。

(2)行程要特殊

如果说很多人在海南是玩遍了天涯海角、鹿回头、南山、蜈支洲岛,那么高端旅游者的行程安排可能会让常规的旅游者目瞪口呆——他们可能只会到三亚打一场高尔夫球,再回到酒店打网球、休息。因为高端旅游者有不同于普通消费者的需求,因此也会要求行程与众不同。这样特别的要求,是常规旅游团难以做到的。

(3)游玩有深度

高端旅游者的另一个特征是追求深度。所以,要他们参加那种八天游十个国家的旅游,恐怕是难以接受的。但他们最有可能关注欧洲两国游或一国深度游。

在国内游方面,他们也会有自己不一般的要求,如果去新疆,会选择三四个人租一辆越野车,进行自驾游。

(4)知己独立组团

在高端旅游人群中,从事企业高层管理的人员占了不少,拥有不少同样喜欢高端旅游的客户或朋友圈。朋友聚会时,他们中只要有人提出"要不去三亚打一场高尔夫吧",一声"好"的回应,接下来的工作便是马上办好手续,付诸行动。对于他们来说,这就像是到外面吃一顿饭一样简单。因此,三五知己独立组团,也是高端旅游的一个特征。

4.高端旅游者的消费趋势

一是今后旅行社要向标准化和个性化服务的方向发展。比如海南这条线,一开始旅行社报价1888元,老人小孩都是同样一个团,同样一种待遇。现在我们分出不同的层次,一个是老人参加的,一个是白领阶层,一个是不愿意随团的,还有一个是没有去过海南的。

二是今后旅行社组织结构要发生一些变化,整个组织结构由现在我们按市场的分工变成一种毗邻体系。这个毗邻体系规模不是做得越来越大,而是分工越来越明确。

三是高端产品将来会是多样化发展。不一定高消费就是高端的,可以向很多方向来延伸,有文化的、有体育的、有商务的,等等。

第四节　湖南高端旅游产品开发战略措施

一、战略重点

根据调研,笔者认为湖南高端旅游产品开发的战略重点有两个:一是在原有存量资源进行普查的基础上进行产品再培育,以便推陈出新,固本纳新;二是在现有存量资源的基础上进行增量创新,优化产品结构,开发新产品,拓展新市场。

二、战略任务

湖南发展高端旅游一是要站在国际化大都市的高度,以满足国内外游客需要为第一要务;二是要以优势资源为条件,充分考虑高端旅游产品的存量、效益和完善功能的要求;三是要形成产业集群,打造产业链;四是建立高端旅游长效发展机制。

三、战略目标

以湖南高端旅游产品的存量提升和增量整合开发为基础,构建完善有序的高端旅游产品体系,塑造并强化品质一流的高端旅游品牌概念体系,营造点、线、面结合的高端旅游产品的空间组织体系,打造富有核心竞争力的高端旅游产品价值链。

四、战略措施

(一)构建湖南高端旅游产品体系

1. 高端观光旅游产品

包括"场景消费"型的观光消费活动、体验消费型的观光产品等。

2. 顶级俱乐部休闲度假产品

包括高端俱乐部赛事休闲度假产品、高端商务人士休闲度假产品等。

3. 葡萄酒庄休闲度假产品

包括葡萄酒品评体验之旅、葡萄酒美食享受之旅、葡萄酒保健美体之旅、葡萄酒艺术沉醉之旅、葡萄酒公益慈善之旅等。

4. 豪华饭店休闲度假产品

包括创意型精品度假饭店、特色餐饮型度假饭店、养生休闲型度假饭店等。

5. 高端商务(会奖)旅游产品

包括顶级国际赛事旅游产品、高端商务考察旅游产品、高端培训旅游产品等。

6. 高端购物旅游产品

包括国际知名奢侈品品牌购物之旅、湘韵湘味的"湖南礼物"特产购物之旅等。

7. 高尔夫旅游产品

8. 文化旅游产品

包括策划高品位文化旅游产品,推出高端演艺型文化创意旅游产品,打造高品位、主题性的文化创意旅游产品线路,推动精品文化创意旅游产品的国际化等。

9. 高规格婚庆旅游产品

包括浪漫都会型婚庆旅游产品、胜地体验型婚庆旅游产品、怀旧历史型婚庆旅游产品等。

10. 深度修学旅游产品

11. 高端医疗养生旅游产品

包括国医理疗旅游产品、现代医学诊断之旅等。

12. 豪华邮轮旅游产品

包括豪华邮轮观光旅游产品、豪华邮轮婚庆旅游产品等。

(二)强化开发湖南高端旅游市场的配套措施

1. 强化旅游资源优势,优化旅游产品结构

为了提高旅游经济效益,湖南省应以本省旅游资源为依托,以国际旅游消费市场需求为导向,在提升现有观光产品的前提下,积极开发富有湖南特色的休闲度假旅游产品和专项旅游产品:一是大力开发散客旅游产品和自由组合式旅游产品;二是大力开发参与型旅游产品;三是加速开发旅游购物文娱之类的非基本旅游产品。

2. 加大产品促销力度,开拓多元化入境客源市场

面对新的市场形势,主动调整客源市场结构,加大旅游宣传促销力度:一是要运用新闻媒体制作专题广告等形式进行宣传;二是各级旅游部门应积极参与旅游促销活动,宣

传湖南旅游产品,以树立旅游形象;三是向来湘入境旅游消费者提供优质的服务,并赠予旅游宣传品,争取其向其亲朋好友宣传;四是加强市场调研,制定正确的市场发展战略。此外,还可以利用驻外机构留学生、国外学术团体等进行旅游宣传促销,拓展海外市场等。

3. 利用文化产业发展优势,延长游客在湘停留时间

湖南文化产业迅速崛起,电视湘军、文艺湘军、出版湘军、动漫湘军等已成为湖南省文化产业的主导产业群。湖南文化产业综合实力居国内第 6 位,现已形成颇为雄厚的综合实力,并充分展示出湖南文化迷人的魅力。而文化产业对于湖南省入境旅游的发展起到了积极的促进作用,尤其是省会长沙更具优势。因此,借助湖南省文化产业的有利条件,创造特色文化休闲旅游吸引入境游客,延长其在湘的停留时间,对加快湖南省入境旅游的发展有十分重要的意义。

4. 注重培养旅游专业人才,全面提高旅游服务质量

旅游服务质量的高低,直接影响到旅游业的形象和声誉,而完美的旅游服务是开拓旅游市场的前提。湖南应树立大旅游人才观念,一方面必须加强旅游工作队伍的建设,培养一批外语水平高、精通入境营销业务、工作能力强的高素质旅游专业人才,另一方面也可通过优惠的政策引进优秀人才,提供与世界服务水平接轨的标准化、规范化、个性化服务,进一步增强湖南旅游业的吸引力和国际竞争力。

5. 加强基础设施建设,树立良好的旅游形象

基础设施是发展旅游的根本,完善的基础设施是开拓入境旅游市场的保证。因此,湖南省应加快与国际接轨的步伐,提高综合接待能力,让旅游者进得来、住得下、玩得开、走得动、出得去。国内外的实践都表明,现代旅游市场竞争的核心是主体形象的竞争。对湖南而言,要充分利用张家界的优势,带动湖南省其他旅游资源的开发。神秘精湛的潇湘文化,浓郁的民俗风情,对游客有较强的吸引力。湖南要针对海内外不同旅游市场提出不同的宣传主题促销口号,并推出一系列有特色有影响的旅游活动强化形象塑造,尽快树立湖南省独具魅力的旅游形象,提高其在国际客源市场的知名度,以吸引海外游客。

6. 加强区域联合,发展区域旅游

要促进当地旅游业的可持续发展,必须加强区域合作,加大跨市跨省的区域促销力度,发挥资源共享优势互补的作用。湖南入境旅游业要想得到持续快速的发展,就要形成一种以区域合作为基础的新的旅游竞争体系:一是要加强省内旅游联合,扩大客源市

场范围。加强湖南省与周边的大型境外旅游流比较集中的广东、湖北等省区的密切联系配合,努力分流其境外旅游者。同时,要开辟至北京、江苏、上海等旅游强省之间的跨省市地区的旅游线路;二是要加强国际联合。

7. 挖掘湖南高端旅游产品存量的建议

一是观光旅游产品可利用湖南特色垄断性资源,开发以"场景消费"为目的的各种高端音乐会、主题宴会、新产品发布会等主题活动;

二是鼓励相关旅游企业与体育健身、保健美容、休闲娱乐和商务交流等不同类型的俱乐部合作,共同开发俱乐部休闲度假产品。湖南至少需要一两个大规模的、高质量的、具有国际水准的高档生态休闲度假区;

三是提升湖南商务酒店品质,发展精品特色酒店和涉外高档度假村,推出特色、高端、主题酒店产品,打造品牌;

四是继续发展国际会议和高端会议产品,不断增加文化内涵深刻的节庆产品和国际性赛事;

五是加快发展以高端奢侈品、艺术品、收藏品为龙头的购物旅游,营造艺术、文化与奢侈时尚巧妙结合的购物环境;

六是利用湖南丰富的文艺演出资源,开发高端演艺产品,深化文化创意产业集聚区建设,打造高品位、主题性的文化创意旅游精品线路,推动文化创意旅游精品的国际化。

第六章　湖南文化创意旅游研究

发展文化创意旅游不仅有助于湖南旅游业提升旅游产业素质,提升旅游发展质量和效益,提升旅游市场竞争力,实现产业转型升级,还有助于促进湖南旅游业的可持续发展。

第一节　湖南文化创意旅游资源优势浅析

由旅游产业发展到文化旅游创意产业是产业升级的必然要求,也是人们认识不断升华的结果。创意是一个国家发展的动力。文化创意产业对经济的全面协调发展和产业结构的进一步调整将具有越来越重要的作用。然而,从全国范围看,由于缺乏实践与试验,文化旅游创意产业很少有较为完善、成熟的模式可以借鉴。湖南应该集自身优势,抢占全国文化旅游创意产业发展的高地。

一、湖南文化创意旅游资源优势

文化旅游产业与文化旅游创意产业的关系,是一种低级与高级的关系。一方面,文化旅游创意产业源于传统文化旅游产业。离开传统的基础,文化旅游创意产业就会成为无源之水、无本之木。另一方面,文化旅游创意产业是文化旅游产业的升级性产业。目前分析的文化旅游创意产业,实际上已经把产业的重点放在了原创上,而不是放在制作环节上,这表现出一种文化发展、旅游升级的趋势。从这一层面讲,文化旅游创意产业就是市场经济条件下文化旅游建设的新形态,也是一种新的生产力——"文化旅游生产力"的重要组成部分。

湖南发展文化旅游创意产业的基础优势:

1. 独特的休闲娱乐氛围

在现代化的进程中,湖南自身的文化个性并未丧失,湖南浓郁的休闲特征不仅没有弱化,反而进一步发扬光大。湖南人热爱生活,敢于消费,崇尚怡然自得、从容不迫的生活方式有力地推动着商贸、旅游、餐饮、娱乐、文化、体育等休闲产业的巨大发展;众多餐饮娱乐业和休闲农家院、度假村的兴起,旅游、购物的兴盛等,使休闲产业在湖南经济总量中所占的比重越来越高;从推进市场化以来,湖南人旺盛的消费热情数次震撼全国。

2．悠久的历史文化资源

湖南历史文化资源得天独厚,以传统文化滋养的创意产业才会有更大的发展。

3．独特的湖湘文化资源

4．红色文化资源

5．娱乐文化资源

6．山水文化资源

7．民俗文化资源

8．饮食文化资源

二、湖南现有文化旅游创意产业的现状

目前,湖南的文化旅游创意产业已初具规模,拥有包括以文化旅游、餐饮娱乐、艺术演出、商贸购物、博物馆、人类文化遗产、手工艺品、古玩字画等为主要手段的文化创意产业形式,也具有数字娱乐产业、文化创意产业园区、文化创意人才培养等文化旅游创意产业的高级形式。然而,与北京、上海等国内发达地区相比,差距也比较明显。特别是湖南积极推进城乡统筹发展以来,面临较大的创意产业发展空间,许多领域还是空白。而且,国家级统筹城乡综合配套改革试验区也会要求文化旅游创意产业作出试验探索,把握机遇、积极创新,将会为试验区的文化旅游产业建设积累宝贵的经验。

1．基本形成了历史文化创意园区

历史文化创意园区是基于长沙地区丰富的湖湘文化遗迹、地方特色宗教民俗文化等建立起来的创意园区。这种类型的文化旅游创意产业将有效激活历史文化遗产,使传统文化成为蕴含高附加值的文化旅游创意产品。对于外地游客而言,这些点位均存在一些不足:包括文化主题不突出、基础设施欠缺、文化旅游项目单一、产业体系不健全等,需要逐步加以完善。

2．初步形成了消费型文化创意园区

湖南人爱消费、会消费。休闲产业发展产生巨大的无限商机,各种消费型创意园区的建立非常符合湖南特色。这类创意园区包括美食、主题公园、生态度假村(农家乐)、时尚街区等点位。显然,这些点位同样存在布局不完善、文化价值不突出等软硬件问题,需

要在发展城市文化旅游中统筹解决。

长沙市文化资源非常丰富,具备了打造文化传媒产业的基础。地域优势相互辐射、相互带动,形成相互补充、相互支持的产业链条和市场体系,并不断集聚发展,最终形成"文化传媒"产业企业生态群,达到资源共享,而非现在的各自为政,分散经营。其他的金融、商务、娱乐等行业也是同样道理,打造各自的文化创意产业集群区,形成聚集效应。

3. 建立了数字娱乐文化创意产业

数字娱乐业已经成为当今信息产业中最具商业价值的新兴产业。目前,湖南的数字娱乐产业门类齐全,涵盖网络游戏、手机游戏、动漫动画、视频游戏、电子竞技体验等,但大多数企业仍处于成长阶段,虽然数量不少,但规模小、缺乏品牌。

第二节 发展文化旅游创意产业的条件和基本途径

一、民族文化旅游创意产业发展的条件

创意旅游的兴起是顺应市场潮流的,是对市场需求进行挖掘后产生的具有市场引导性的旅游产品;创意旅游能够投入市场也是建立在供需结合的基础上的。

1. 游客需求更加重视体验性

体验与旅游有着直接的天然的联系,旅游者花费了时间、精力和金钱,增长的是阅历,得到的是体验。体验经济会刺激旅游消费,旅游体验经济就是通过各个方面的努力使游客达到深度体验。旅游体验区别于一般旅游商品在于旅游者的主动参与,在于旅游者用整个身心来体验。在经济技术日新月异的时代里,观赏性已经不再是旅游商品区别于其他商品的重要特征,而文化性的重要性则日益凸显。文化性是创意产业的特点,时尚尖端更是创意旅游的特征之一。创新是当今全球性的主题,通过创意旅游,游客可以丰富个人的创意阅历,提高个人的创意能力,对融入急速变化着的创新社会不无帮助。

2. 创意阶层的形成

创意需要大量的原始资料的积累,创意不是凭空出现的,它源于创意从业者人文底蕴的培养和对创意资料的积累。因此,创意从业者需要不断地从周围环境中汲取创意元素,创意旅游的产生会扩大创意阶层的接触范围,创意阶层也乐于通过该项旅游产品获取更多的创意经验,创意旅游可以为游客提供浓厚的创意氛围,提高创意从业者的创意

互动层次,对创意的激发具有极大的促进作用。创意阶层对创意旅游需求的形成基于对休闲体验的需求,一个宽松愉悦的环境有利于激发创意阶层的灵感,创造出更好的产品。可以说,体验经济的风靡带来了创意旅游的大众需求,而创意阶层的崛起则构成了创意旅游的专业需求。

3. 旅游创意产品的开发

创意产业的发展要求各行业通过产品展示或其他形式进行一定的交流活动,这恰恰为旅游业提供了一个平台,如各项展览、节庆活动等。游客通过参观或参与到此类活动中,接触到各项创意元素,实现个人素质的提高,这些都可以构成创意旅游。另外,从创意旅游产品的定义来看,创意旅游的关键在于旅游者是否能够获得创意性体验,实现创意能力的提升;创意旅游是基于文化旅游之上的一种新型的旅游产品,以为游客提供体验式经历为主要目标。因此,现存的大量的文化旅游产品都可以作为创意旅游产品的原体,增加产品中的互动元素,为游客获得深层次的体验提供便利条件。同时,创意旅游对实体资源的要求较少,这也就极大地便利了创意旅游产品的开发。

二、湖南发展文化旅游创意产业的优势

(一)游客资源丰富

文化旅游创意产品,如旅游商品和旅游演艺都属于旅游产业链中的下游产品,仅靠本地消费者难以创造出规模巨大的客源市场,必须依托当地旅游市场的发展。2011 年湘西州接待游客 1500 万人次,是 2006 年的 2.3 倍。2012 年 1 到 7 月湘西接待国内外游客 1046.62 万人次,实现旅游收入 56.97 亿元,分别同比增长 28.91% 和 28.12%。这些游客资源成为湘西文化旅游创意产业发展的重要支撑,特别是为旅游创意商品和旅游演艺产业的发展提供了市场。

(二)国家级旅游品牌资源丰富

湘西民族民间文化元素独特,并保存完好,被国家列为非物质文化遗产保护工程综合试点地区。湘西充分利用其独特的民族文化资源,通过挖掘和创新将民族文化创意和旅游产业结合起来形成民族文化旅游创意,文化旅游主导产业由观光旅游向观光休闲、文化消费、节庆会展等综合旅游转变,品牌不断增值,形成了一大批国家级旅游品牌。依托这些旅游品牌,湘西先后被评为"中国最佳旅游去处"和"全国十佳魅力城市","湘西之旅"精品线路被评为"全国十佳旅游线路",凤凰县进入全国首批 17 个旅游强县之列,这成为湘西民族文化旅游创意产业发展的重要支撑平台。

(三)民族文化遗产资源丰富

湘西是武陵山区民族风情最鲜明、最浓郁的神秘之地,土家族和苗族都有独特的语言和习俗,民族风俗流传千年,民族艺术门类繁多,民族服饰别具一格,民族饮食风味独特。土家族的"摆手舞"、"茅古斯"、"打镏子"、"咚咚奎"等民间艺术原始古朴,神奇独特。到2011年,湘西组织申报了24个省级项目和第三批11个国家级项目代表传承人,有9个项目入选第三批国家级"非遗"名录和扩展项目名录,国家级项目总数达到24个。目前,土家织锦生产基地申报国家非物质文化遗产项目生产性保护示范基地通过国家文化部验收,吉首、保靖、永顺、龙山荣获"全省非遗保护十强县",花垣县被文化部授予"中国蚩尤文化研究基地",这些都成为进行旅游创意开发的重要平台。

三、民族文化旅游创意产业发展的基本途径

旅游创意产业基于创意元素与旅游元素的完美融合。旅游创意产业依托于旅游元素的感知度、服务性和创意元素的新奇度、体验性,并在双方相互渗透的基础上,通过"创意火花"为现代服务业与先进制造业的融合搭建桥梁,从而促进旅游业的发展与科技、文化、艺术等多个领域的产业要素在产业链的高端有机整合,形成了新的旅游创意产业类型。

(一)融合动画、动漫、影视作品开发影视旅游

动漫市场的运营步骤包括:制作卡通动画片、代理商销售、影视播放、企业购买卡通动画产品形象并开发衍生产品、商家销售产品等,一系列的活动使得动漫产业从影视作品衔接到现实中的商品。优秀的影视作品会在一段时间内成为媒体和民众关注的焦点,而作品所依托的地理区域和文化背景也会随之引起人们的好奇。

(二)融合时尚元素设计旅游商品

时尚与工艺设计是创意产业中最具有感官冲击力的品种,活跃的创意元素使原本的设计理念、产品形式和产销环节焕然一新。旅游纪念品是代表某地特色的最直接的物质形式,也是旅游消费的重要环节,其设计、包装的优劣以及营销方式的选择与是否能够展现当地特色、树立品牌和增加市场份额息息相关,而将创意产业中的时尚与工艺设计引入其中更加有利于上述环节的优化。

(三)融合文化表演开发文化演艺

文化艺术表演的深厚底蕴、观赏参与性和品牌效应会引起广大民众的关注,也会受到广大旅游者的欢迎。文艺演出在带来娱乐与艺术享受的同时也不断地促进创新文化的滋长,不仅为当地民众和世界各地的旅游者开启了体验古典和现代文化、感受艺术魅

力的大门,也为开拓艺术旅游市场奠定了良好的基础。在挖掘文化艺术表演特色的基础上,巧妙安排一系列的观赏、互动项目,如已有的少数民族舞蹈表演、篝火晚会等,将单纯的表演与旅游活动有机结合,会进一步增强此类产品在旅游市场的价值。

(四)旅游节庆和活动项目中加入创意元素

节事活动和旅游项目是旅游中的重要内容,一味遵循时间惯例和既定内容难免会失去市场吸引力,而在策划中加入创意元素,通过改变场地、变换活动形式、重组和完善活动内容以及创新宣传等方式更利于扩大吸引力和品牌影响力。

第三节 实现校园文化与企业文化的有机结合

一、高等旅游教育(本科)特色研究与实践

办出高等旅游教育(本科,以下同)特色,是我们研究和实践的重点内容。我们的目标是要探索高等旅游教育特色。具有鲜明时代特点又能体现自身特色的办学概念,对于专业特色形成具有指导作用;切合实际又具有前瞻性的专业定位,是专业特色形成的基本保证;建立理论联系实践教学紧密结合,能够体现"零适应期"的教学模式,是办出专业特色的重要条件。所以,要办出高等旅游(本科)教育特色,应该树立"办学以人为本,育人以德为本"的理念,确立"教学为本、教师为本、学生为本和培养'全面的人'、'社会的人'、'现代的人'的教育思想",坚持"加强基础、拓宽口径、强化应用、注重实践"的办学方针,根据"培养具有创新意识、创新能力、敬业精神的高水平旅游经营管理人才"的培养目标,按照"厚基础、宽口径、强能力、高素质"的专业人才培养要求,建立"理论教学与实践教学紧密结合、反复循环、逐级深化"的教学模式,构建"能体现信息化、综合化、动态化特点的通才教育"的课程体系,实施创新教育,遵循"民主性、自主性、动态性"原则,采用"探索性和研究性"教学方法,找准学生心灵交流点激励上进,激发学生独立思考和创新激情,着力培养学生的想象力和联想力,提高学生专业理论,提高学生的刚性、韧性和悟性,实现融理论知识传授、创新能力培养、人文素质提高于一体,使学生不仅能掌握系统的理论知识,而且能获得独立思考与更新知识的能力,培养具有扎实理论基础、合理知识结构、宽广行业视野和强烈创新意识的高素质旅游经营管理人才。为此需要广泛开展专业调查,深入进行专业论证,明确人才培养目标和人才培养模式,准确进行专业定位,有

计划地开展教研教改活动,逐步形成旅游教育特色。

(一)确定"理论—应用型"人才培养目标,创新人才培养模式

本着"厚基础、宽口径、强素质、重应用"的原则,我们确定了"理论—应用型"人才的培养目标和"三个面向"、"三个转变"和"四个优化"的人才培养思路。近三年来,我们围绕"理论—应用型"人才培养目标,开展了一系列专业人才培养模式改革的研讨和教研教改活动,探索全方位、多维度、开放式的教学模式,强调教学内容的针对性、课堂教学的开放性、教学主体的多元化、教学手段的现代化和实践教学的社会化。

1. 根据社会对人才需求的变化和专业培养目标,优化教学计划,调整课程体系,使专业课程的稳定性与动态性有机地结合起来

2. 重视"理论—应用型"教学规律的探讨,以"理论—应用型"人才培养目标为出发点,积极开展教研活动,创新教学手段,改革教学方法,优化课堂教学气氛

高等旅游教育的培养目标和知识结构特点,要求知识传授过程中,要紧密结合旅游工作实际,切实加强有利于培养学生理论创新能力、理论转化能力和实践能力的互动式、研讨式教学(如讨论法、案例分析法、学生讲台展示法、专题研究法、模拟法、发展式教学法等),运用现代教学手段(专业课采用电化教学、多媒体教学法等),开展探索性的自主教学活动(如英语教学实施分级教学,强化口语训练,打造学生个性发展的新平台,着力为学生创造超越自己、发展自我和完善自我的发展机会)。教学方法和教学手段的改革,极大地提高了教学效果和教学质量。

3. 构建既具有多学科、多专业交叉特点,又体现教学、科研、实践三位一体的现代教育和超前性、先进性、开放性、实用性的课程体系

根据专业培养目标和人才规格的要求,尽可能地寻求专业内部知识、技能结构最直接的内在联系,设计以旅游学、旅游经济学、旅游资源开发与管理、旅游饭店管理、旅行社管理、旅游心理学、旅游市场营销学等重点课程或必备知识为基准,纵横扩展,合理集聚,设计切实可行的"组合课程",形成以专业课程为主,以综合课程、边缘交叉课程为依托,以能体现学科发展前沿理论和反映旅游业发展方向的学术讲座为补充,理论性与应用性紧密结合的富于弹性活力的综合化和整体化的课程形态,按照"理论教学与实践教学多次交叉、反复循环、不断推进、逐步提高"的教学流程安排整体教学活动。

4. 实施"校内课堂教学——校内实验室模拟教学——校外顶岗实习教学"的"三段式"教学模式,营造能够将理论和实践紧密结合的学习环境

课堂教学要讲深讲透最基础的理论,及时传授给学生最前沿的理论、最新的知识和

最先进的技术,介绍旅游业最新发展动态,培养学生运用所学理论知识,对旅游活动深层次的现象进行分析、判断、归纳、综合的研究能力。实践教学(包括基础实践、实习实践、社会实践和综合实践等)必须抓住实践内容和实践方法两条主线,分层次,分步骤,由浅入深,不断提升,形成一个"基本实践—实际经历—综合训练"的实践链。校外顶岗实习教学安排在第五学期,到知名饭店进行,时间为半年(含寒暑假)。这样可以让学生及早接触和了解自己毕业后将要工作的环境,明确自己应该掌握哪些知识和技能,增强学习的主动性和积极性。

5. 建设"双师型"师资队伍

教师是专业特色形成的关键。办出高等旅游教育特色,需要具有乐业、精业、敬业的理论型与实践型相结合的双重素质的"双师型"的教师。要求教师具有创造性的教学思想、教学观念、教学方法和鲜明的个性特征、新颖的教学艺术、丰富的旅游行业实践经验。教师要分期分批到旅游企业挂职锻炼,全面提高素质。同时,从旅游企业聘请优秀的企业家作为兼职教授,担任一定的教育、教学任务,共同培养人才。

6. 加强校企合作,建立稳定的教学实习基地,按教学计划定期派学生到实习基地进行实践教学和顶岗实习

这期间企业派出有经验的基础管理人员任指导教师,负责对学生的教育和教学工作,进行全方位针对性"成型"塑造。我系利用这个时间把专业教师派到实习基地进行锻炼,并承担对学生的专业指导和思想教育工作。学生在"真实环境"下曝光,"真刀真枪"的酒店"演习",不但可以创造性地把自己所学知识应用于实际工作中去,真正增长才干,而且可以熟悉自己今后工作的岗位和胜任工作所应具备的才能,明确努力的方向,增强学习的针对性、主动性和积极性。同时,学生在社会实习过程中,用自己的双手触摸书本之外的大千世界,用自己的双眼纵观改革开放的浪潮,可以增强学生社会责任感和使命感,促进学生政治上的成熟,加快学生的社会化进程,可以使学生政治、业务、文化和能力等素质得到全面的、系统的锻炼和培养,是一种具有鲜明时代特征的综合教育方法。

7. 建设能体现"理论—应用型"培养目标特色的教材体系

在专业特色研究与实践过程中制定教材建设规划,坚持选用优秀教材与自编特色教材相结合的原则,实施专业教材的优化工程。

(二)从理论上较深刻地认识了高等旅游教育的特色

高等旅游教育必须以旅游业工作实际需要为依据,以专业培养目标为标尺,以博为主(强调知识的广泛性和基础性),以专为辅,不仅要识于博(具有广博的知识和宽阔的视

野,不但要有深厚的旅游专业知识和广博的相关专业知识,而且要有扎实的专业技能和科学的创造智能),而且要精于专(具有精通专门知识和技能的专业化素质),在广博的知识基础上,突出专业知识,突出本科层次的综合水平和开发能力。保证知识广博而专精,视野高瞻而有悟,心胸博大而务实,身心健康而擅养,技能多样而巧用,实现智商—智力—智能的有效转化,体能—技能—创能的强度转化。高等旅游教育强调针对旅游业涉及面广、综合性强的特点,按照旅游业六大要素协调发展的总体要求,实施通才教育和通识教育,强化专业渗透、学科融合、文理兼容,加强基础,扩宽口径,拓展知识面。同时,要加强"三观"(世界观、人生观、价值观)、"三德"(社会公德、职业道德、家庭美德)、"三意识"教育和养德(良好的道德修养)、养心(责任心、爱心、信心)、养身(理想情操和兴趣爱好)教育,塑造自信、自主、自立精神和严格、严密、严谨作风,培养思想品德好、专业知识扎实、创新能力强、服务水平高的通才型、复合型旅游经营管理人才。高等旅游教育强调根据旅游业应用性强的行业特点,加强校企合作。在重视基础理论专业化、系统化教学的同时,强化实践性和适应性教学,突出基础理论的运用和专业知识的转换,在传授最前沿的专业理论的同时,强化创新思维训练,强调自我发挥能力、组织能力、表达能力的培养和观察能力、思维能力、实践能力和创新能力的提高,加强基础,强化能力,提高素质,培养创业型、创造型和创新型专业人才。

二、建设校外实习基地,实现人才培养的岗位对接

笔者在充分挖掘高职院校旅游管理专业校外实习就业基地建设的针对性、延伸性、关联性、动态性、辐射性和示范性内涵的基础上,以高职院校中旅游管理专业湖南新康辉国际旅行社有限公司实习就业基地等20个校外实习就业基地运行8年的情况为典型的研究案例,通过高职院校旅游管理专业校外实习就业基地布局、教学组织、运行模式、教学方法、软件管理平台研究与实践,为改革我国高等职业教育原有落后的实习就业体制,为实习、就业、创业三位一体职业教育提供新的理论、内容和方法。

(一)通过点线面实习就业基地布局解决职业能力培养体系问题

1. 点的布局:

我院高职大专旅游管理专业自2004年秋季招生之后,就开始实践教学"点"的布局,现已建立了20个特色明显的校外实习就业基地。如张家界自然风光旅游实习就业基地、韶山红色旅游实习就业基地、南岳衡山宗教文化校外实习就业基地、长沙综合型实习就业基地等。

2."线"的网络:

在2007年以前,我系主要依靠长沙有关旅行社和自行组织进行旅游管理专业的分线路实训,主要开设了长沙与周边旅游景点的短途旅游线路,如长沙—韶山、长沙—岳阳楼等。从2007年开始,依托自办旅行社即长沙教育旅行社商贸旅游职院营业部和与我院已签约的长沙的旅行社实习基地,拓展和规范了"线"的训练网络,开设了分七条线路进行,包括长沙—岳阳、长沙—崀山、长沙—凤凰、长沙—桂林及长沙—韶山、长沙—张家界、长沙—华东五市七条线路的跟团、带团的"全陪"训练。

3."面"的完整覆盖:

(1)地域层面:从校内到校外,从长沙市内到市外,并开始向省外延伸;

(2)实践知识层面:包括了态度、素质与能力;

(3)环节层面:从学生的认识实习到毕业后的跟踪实习指导,实施全过程培养;

(4)能力层面:涵盖学习能力、工作能力和创新与创业能力等旅游管理专业的核心能力。

(二)通过"旺进淡出、多学期"教学组织解决了实践教学时间上的契合问题

根据旅游季节性明显的特点,改变传统六学期教学模式,推行互惠双赢的校企合作,实行"旺进淡出、多学期"教学组织形式,将六个学期分成八个阶段完成不同教学内容,使教学周期吻合旅游企业生产周期,使教学要素围绕旅游企业的淡季、旺季轮回来进行配置,使理论与实践教学实现一体化。

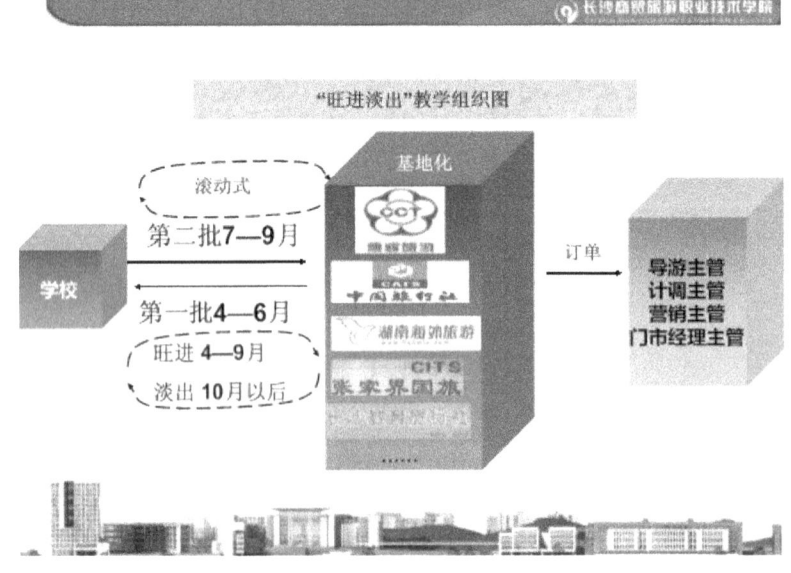

图6-1 旅游管理专业"旺进淡出"教学组织图

表6-1 "旺进淡出、八学期"教学安排情况一览表

阶段	小学期	时段	课程	证书
校园人阶段	第一学期	9月1日~次年1月15日(18周)	【职业文化素质模块】：法律基础、毛泽东思想与中国特色社会主义理论体系、大学语文、大学英语、计算机应用基础、体育、普通话、应用数学、认知实习	普通话证书
	寒假	1月15日~3月1日	社会调查	——
	第二学期	3月1日~7月10日(18周)	【旅游职业基础知识模块】：旅游地理、旅游心理学、旅游资源学、旅游电子商务、旅游政策与法规、校内实训	大学英语、计算机等级证书
	假期	7月10日~8月20日	社会调查	——
准职业人阶段	第三学期	8月20日~11月20日(13周)	【导游基本技能模块】：导游原理、旅游政策与法规、导游实务、旅游商品与导购、导游语言艺术、导游文学、校内实训	导游资格证书
	假期	11月20日~次年2月15日	社会调查	——
	第四学期	2月15日~4月15日(8周)	【湖南专项导游技能模块】：湖南专项旅游、湖南导游、湖湘文化、湖南景点讲解实训、湖南民歌与曲艺、湖南旅游资源、湖南旅游英语	中级导游资格证书
	假期	4月15日~4月20日	社会调查	——
	第五学期	4月20日~10月10日(24周)	校外顶岗实习，深入旅行社和景区，参与企业培训，独立上岗对客服务	
职业人阶段	假期	10月10日~11月1日	社会调查	——
	第六学期	11月5日~次年1月15日(10周)	【旅游营销技能模块】：计调业务、商务旅游、湘菜美食旅游、旅游地理、旅游线路调研与设计【旅游计调技能模块】：旅游市场营销、旅行社外联业务、旅游公关礼仪	旅游计调师、旅游营销师、旅游门市经理证
	假期	1月1日~1月4日	社会调查	
	第七学期	2月20日~5月10日(11周)	毕业实习、毕业策划	
	假期	5月10日~5月15日	毕业策划	
	第八学期	5月15日~6月20日(5周)	综合实训	毕业证书

(三)通过"一式(滚动式)三化(基地化、体系化和过程化)"的实际运行模式,提高学生的职业素养和能力

高职旅游管理专业"一式三化"实践教学模式的"一式"是指"滚动式","三化"是指"基地化、体系化和过程化"。它要求在实践基地、服务、管理及学习环境支撑下,以教师导学为前提,以学生和学生实践学习为中心,通过教师、学生、环境三维交互实现教学目标。其核心在于培养学生自主学习训练能力、工作能力和创新与发展能力。

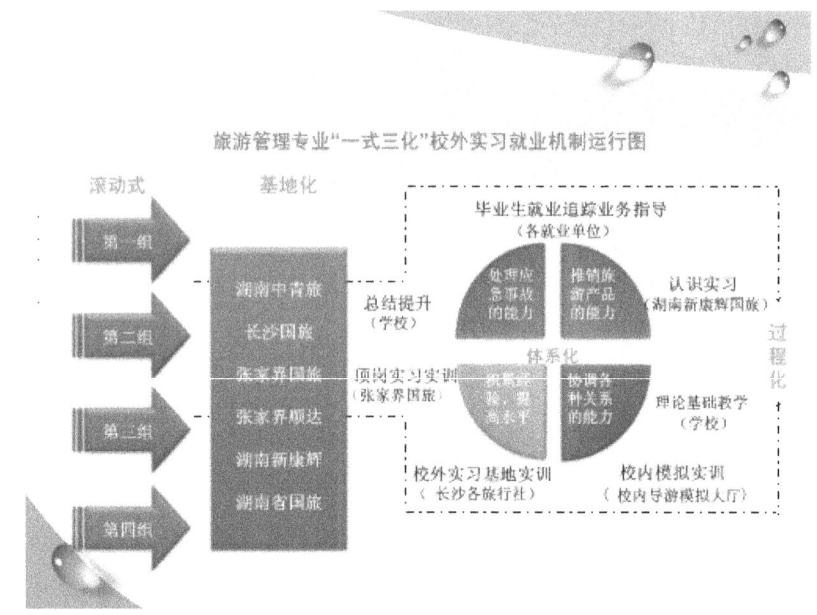

图6-2 高职旅游管理专业"一式三化"校外实习就业机制运行图

1."一式(滚动式)"的基本内涵

滚动式实习就业将职业院校的实习就业推向了一个新的高度,即采用渐进并逐步深入的方法,抓好"重叠",螺旋式加强技能与素质提升训练。

(1)分年级进行技能和素质滚动式递进培养。根据"实践—理论—再实践"理论,通过滚动式递进培养学生的综合实践能力。滚动式实践教学有三个阶段:第一阶段即一年级:进行认识实习和少数课程的课程实训;第二阶段即二年级:进行专项实习;第三阶段即三年级:进行综合模拟实训和顶岗实习。

(2)分批滚动。学生实习实训按时间先后分批进行。如利用某个学期,将几个平行班分阶段、分批去实习基地或企业进行实践教学,先行实习的学生到期后,回校继续专业学习,后批实习的学生接替上来,这样企业的某岗位始终有学生顶岗,学校的学生始终有

固定岗位实习,从而实现"滚动式"实践教学。主要滚动项目:一是地陪的分批滚动实训,如利用长沙教育旅行社和长沙教育旅行社商贸旅游职院营业部进行长沙地陪实训,每个班每学期都要进行一至二次滚动;二是利用韶山国旅到韶山进行人文旅游资源导游实训,每个班滚动一次,每次一个星期;三是利用张家界国旅和顺达旅行社进行张家界人文旅游资源讲解实训,每个班有导游证、导游能力很强的同学滚动一次,每次一个月;四是对旅游班选择酒店模块的同学安排在同升湖通程大酒店等旅游酒店进行滚动实习。

(3)分地区滚动。各地旅游资源和旅游状况不一样,所以根据情况分地区滚动,以便拓宽学生导游知识面和提升学生适应性。如分地质地貌滚动实习实训、分旅游热点地滚动实习实训、分自然景点与人文景点进行滚动实习实训等。

(4)功能分区和分岗位滚动。校内专业功能分区滚动:各专业均具有自己的功能,校内模拟实训时可按功能分区进行滚动实训。如旅游管理专业校内模拟实训依次在知识学习区、应变能力训练区、导游示范教学区、自主导游词训练区、旅游资源学习区、旅行社岗位模拟实训区、导游考核区等七个子环节进行滚动实训。其中之一的导游示范教学区,也要经过语音导游系统、电子导游系统、导游实务软件实训教学系统等部分的实训。校外分岗位滚动:有时学生在实习基地或企业进行顶岗实习时,相互之间进行岗位轮换,逐步进行全面训练和上层次训练。

(5)滚动式能力测评。考核方式将采取全方位、多角度、不同时段、阶段性滚动式的能力测评。以单元为单位,学习完每个单元进行一次评估,每次评估的成绩均计入总评,作为学生学习本门课程的总成绩。

2."三化(基地化、体系化和过程化)"的基本内涵

(1)基地化

实习基地是实习教学的重要场所。高职实际性教学基地包括校内实习基地和校外实习基地。实习基地化是指建立一批功能齐全、能满足专业教学需要、符合高职人才培养规律的规范化实习基地。其内涵包括:

一是实习基地是产学研结合的公共平台。它是高职院校教学空间的延伸,是连接高职院校与产业的桥梁与纽带,是沟通人才培养与用人单位需要的重要管道,是高职院校与社会、行业以及与企事业、行业交流的重要平台。

二是学生实习教学是提高学生就业竞争力的有效途径。实习是大学生在理论学习之外获得实践知识、增强劳动观念、培养事业心和社会责任感的重要途径,更是学生从学校走向社会的必经之路。

三是实行实习基地化教学是提高学生素质的需要。实习学生在实习基地通过具有丰富经验的企业专家、师傅以及学校派遣老师的现场指导,深化了对理论知识的理解,提高了对生产经营理论知识的认识,扩大了知识面,增强了感性认识,提高创新能力和应用能力,从而提高了综合素质。

四是有利于专业教师通过实习指导锻炼自己的业务能力。有计划地安排专业教师指导实习或挂职锻炼,使他们有计划地与基地现场专家交流或参与企业的生产经营与管理活动,有利于他们将所学知识与实际相结合,提高自身实践能力、研究能力和学术水平。

(2)体系化

高职教育是以能力为本位的教育。能力本位的教育即以"取得从事某种职业工作应具备的能力"为主的教育。而能力体系化是指以职业能力分析为基础,面向整个工作过程,把从业所需要的技能、知识、态度有机地整合在一起,特别强调在培养职业专门技术能力的同时培养关键能力。对职业能力培养进行分析、设计、实施、评价等,从各个方面构建完整的职业能力系统。这是高职教育的根本目标。从这一特征出发,高职教育的课程改革必须探索一条适合自身发展的全新道路即产学结合、突出职业特色、加大实践教学力度、构建就业导向的职业能力系统化课程体系。

(3)过程化

过程化实践教学包含两层含义,其一是指"形",即实践教学按环节顺序展开,从完整的行动角度出发,完成实践教学的工作过程。其二是指"神",即基于完整工作过程的实践教学活动,并且强调在教学过程中按照提出问题—分析问题—解决问题的次序进行,让学生有的放矢地学习、思考、讨论、训练,寻求解决问题的良好方法,从而训练学生分析问题、解决问题的能力。

教学过程是一个完整的系统。完整的教学过程是教授和学习两种过程的有机结合、相互作用;教师通过跟踪控制,保证教学信息流程顺利进行;学生在经历同化、顺应和自我调节中达到第一次和第二次平衡,从而实现预定教学目标。从教学过程上来说,教学过程的最优化,就是把教学目标作为整体核心,使教学过程中的多层次、多因素之间能有机结合,关系协调,使学生的身心得到全面和谐的发展,取得最佳教学效果。

(四)通过实施"校企结合+基地"核心案例贯穿教学法,提高校外实习就业基地教学质量

1.使用核心案例贯穿法教学

核心案例贯穿教学法是指在教学的过程中,教师以一个核心案例为例,以一个核心

案例的讲解和处理贯穿整个教学过程;学生分组学习,跟随教师的讲解、示范和提出的要求,同步完成学习任务。在教师讲解和学生操作同步进行,在模拟业务流程的过程中使学生掌握专业基本知识和基本职业能力。如通过对长沙、张家界、凤凰实习就业基地的调查研究,本专业以长沙—张家界—凤凰五日游为例,由点、线、面组成三个大模块,即"长沙—张家界—凤凰"导游景点、"长沙—张家界—凤凰"导游线路、"长沙—张家界—凤凰"导游三角面,推广使用核心案例贯穿教学法,使学生觉得案例成体系、从而产生了浓厚的学习兴趣,进而取得了举一反三的学习效果。

2. 完善了岗位对接培训机制

在教师和学生上岗前针对性基本技能模拟训练进行集中培训,主要针对旅游企业的关键岗位的关键能力进行基础性模拟训练,为正式到基地企业上岗作准备。主要内容包括:导游讲解训练(含导游词写作及综合讲解、致欢迎词与欢送词、景点讲解、沿途导游讲解)、旅行社经营管理模拟训练(含计调业务、门市管理业务、营销策划业务)、旅游踩点(石燕湖踩点、岳麓山踩点)、旅游视频制作训练、民歌演唱、礼仪训练(含商务礼仪、形态礼仪)以及与企业对话等内容。

(五)通过建立校外实习就业基地软件管理平台和发明专利,提高校外实习就业基地软件管理效率和质量

旅游管理专业校外实习就业基地管理与质量监控软件由长沙商贸旅游职业技术学院旅游管理教学团队研发。该软件是在旅游管理专业多年实践教学管理与监控实践经验的基础上开发的国内首家管理先进、功能强大、设计人性化和使用方便的实践教学过程管理与质量监控的软件。

旅游管理专业校外实习就业基地管理与质量监控软件共包括六大模块:学生模块、指导教师(任课教师)模块、班主任(辅导员)模块、企业指导教师模块、企业负责人模块和系部负责人模块。

学生模块主要针对学生角色完成,主要对学生的实践教学进行全过程管理。该模块共包括六大环节:实习动员、入职培训、实习日志与指导老师交流、中期检查考核、后期检查与完成和总结提升。这六大环节是依次以前一环节为基础,只有在前一环节完成并获得认可的基础上,下一环节才被激活。

指导教师模块主要针对学校指导教师角色完成,对学生的六大环节进行管理和监控,并及时处理学生在实践教学过程中产生的问题,并接受学生监督。

班主任(辅导员)模块主要针对班主任、辅导员角色开发,对学生的思想进行引导,适

时解决学生在实践教学过程中心理上、生活上的问题。

企业指导老师模块主要包括接受实习、中期检查、后期考核和问题反馈四大功能,实现企业指导教师对实习学生的管理。

企业负责人模块主要包括企业实习岗位发布、与学院对接两大功能,实现对企业合作的深度对接。

系部负责人模块的功能主要是发布实践教学任务、进行质量考核和实践教学质量分析三大环节。

三、高职旅游教育应实施"双面嵌入式"校企合作办学模式

高职旅游教育必须坚持"以就业为导向,以服务企业为宗旨,以能力培养为中心"的办学方针,实施"双向嵌入式"的校企合作办学模式,确立"学研产训结合、定向培养"的人才培养模式和"产学合作、工学结合、能体现零适应期"的多元化产学交叉教学模式,建立"双师型"师资队伍,明确"双职工证"沟通目标,设置"双融"课程体系。

(一)建立"双赢"运行体制

高职旅游教育是为旅游企业培养智力技能型应用人才的教育。这类人才良好的职业素质和创新能力单靠学校课堂传授和校内实训是难以培养出来的,必须在企业实战的环境下才能形成。因此,学校必须建立校企合作产学联盟有效机制,共建"以培养人才为主要目标"的可控性实践教学基地。通过行业、企业共同参与,形成多层次、多模式的产学合作局面和校企目标一致、基地共建、设施共享、人才共用、信息互通的双赢运行机制。企业为在校学生提供真刀实枪的专业实操、实训、实习、演练场所,为教师提供挂职锻炼岗位;企业派专家作为学校专业指导委员会成员全面参与学校专业建设、课程建设等人才培养工作,共同制订培养目标、教学计划,共同承担教学、实习任务,共同考核学生的学习技能;企业派优秀管理人员担任学生实践、实训课指导老师,负责学生实习教育教学工作,对学生进行全方位、针对性的成型塑造,全面提高学生行业基本素质、基本技能和综合运用能力。学校按照教学计划和企业需要,定期派学生到企业开展实践教学和顶岗实习,实现校内课堂与企业现场对接,实现知识传授与技能实训融为一体,使学生在真实环境锻炼中获得真知;学校有计划地把专业教师派到企业挂职锻炼,并为企业开展专项调研和应用性课题研究,为企业战略决策提供参考;学校为企业各类人才培训提供师资、教室和教学设备,提高企业职工和管理人员理论水平。

(二)构建"双向"对接体系

产学结合是培养高素质技能型应用人才的必由之路,是高职旅游教育发展的创新之

路。在校企合作过程中,学校应该根据旅游结业、旅游创业、旅游强业对人才规格的需求,为企业提供"订单教育"服务,实施"示范生"培养模式,提高人才培养的符合度,使"订单式"培养既能体现旅游企业对人才需求的针对性,又能体现旅游创业对人才需求的通用性。为此,应该切实实现以两个方面的"双向"对接:一是课堂教学与实践教学对接。按照课堂教学与实践教学"多次交叉、反复循环、不断推进、逐步提高"的教学流程式,安排整体整修教学活动。课堂教学既要突出理论性,讲深讲透最基础、最必要的理论,传授最前沿的理论、最新的知识和最先进的技能,及时介绍旅游业最新的发展动态,为实践教学提供理论支撑,又要突出理论知识的运用和职业技能的传授,注意知识的转换性和业务的创造性,侧重基本原理和基础理论运用方法、运用技巧的介绍、启发,提高学生理论应用能力、知识转化能力和职业技能运用能力。在创新课堂理论教学的同时,应围绕基本实践能力和综合实践能力的要求,创新实践教学。实践教学要突出应用性,抓住实践内容和实践方法两条主线,形成"专业实践—社会实践—综合实践"的实践链,强化学生应用能力和综合素质的培养,提高学生工作适应能力和就业竞争能力。二是素质培养与企业用人对接。围绕企业用人需要的素质开展以项目化、主题化、社会化为着力点,以第二课堂为主阵地的实践教育活动,培养学生良好的职业道德素质、崇高的敬业精神、吃苦耐劳的工作态度、团结协作的工作作风和强烈的社会责任感与使命感,使学生真正学会专业岗位技能对接。无论在校内实训还是在校外实习,都应该切实加强学生对旅游企业各专业岗位所需技能的训练,切实注意实训教学与实际工作的一致性、实训教学与顶岗实习的连续性和校内评价与企业评价的一体化。

(三)明确"双证"沟通目标

十六届六中全会决议明确要求高校培养学生的实践能力、创造能力、就业能力和创业能力。就业能力是高职旅游教育面临的一项重要任务。就高职旅游教育而言,衡量人才培养是否达到规格尺度要求,唯一的标准应是职业岗位资格。职业岗位资格是一线职业岗位人才需求的集中体现。为此,高职旅游教育应该大力推进"双证书"制度,尽快地从"以学历为本位"向"以职业资格为本位"转变,由学龄教育拓展为终身教育。要着力推进课程体系、教学内容和教学方法改革,为学生取得毕业证书的同时获得职业资格证书(职业技能证书、职业培训证书)提供方便,为学生顺利就业提供有利条件。

要实现"双证"沟通,就必须坚持"双业"(专业、职业)结合。为此,高职旅游教育应在服务旅游经济发展、突出职业教育的特点上狠下功夫,切实把专业和职业紧密地结合起来,主动适应旅游经济发展的需要,会同企业主动跟踪市场、适应市场,提高学生学习专业与市场需求的吻合度,增强学生就业竞争力,提高就业率。

(四)设置"双融"课程体系

培养目标是学校教学活动的出发点和归宿点,而课程体系则是对培养目标新要求达到的知识结构和能力结构全面和具体的体现。要实现"双证"沟通和"双业"结合目标,必须在进一步规范专业设置的基础上,根据专业培养目标和职业岗位对专业知识、综合能力、职业技能要求,参照相关职业资格标准,设置"双融"课程体系。"双融"课程体系应根据旅游发展对人才需求的变化培养,遵循"理论知识必须能够用为度,技能应用能力培养为核心"原则,围绕"理论知识、工作能力、职业素质全面提高"这一中心,突出一条主线(以基本素质和应用能力培养为主线,并贯穿教学全过程),明确两个体系(理论课程体系和实践课程体系),构建专才教育与素质教育相结合的理论课程体系和实践教学体系。充分体现专业知识与职业岗位所需技能的系统性,实现从以传授知识为中心向"以培养能力为核心"提高,从"单纯的技能拓展"向"综合素质的提高"转变,培养宽基础、兼容型应用人才,既要确保本学历层次毕业生上岗就能胜任工作的能力要求,又要能适应就业频率增加、就业面扩展的发展和人才行业内流动和行业外就业的要求。

"双融"课程体系主要应该包括职业核心能力课程和职业能力支撑课程两大类。职业核心能力课程主要包括职业岗位(群)业务流程的方案设计和实施操作两项核心技能,主要应针对职业岗位(群)普通需要掌握的必备技能应用能力系统,适应上岗所需的能力要求,构建相应必需的技能与知识学习内容和相应技能与知识应用的训练环节。职业能力支撑课程包括相关信息的搜集获取和对问题的分析、判断、解决能力,主要考虑学生毕业后专业职业生涯发展提升、专业职业能力拓宽和专业知识、技能系统性的需要,选择和设计相关知识、技能应用实训,使学生获取教学系统的知识、技能应用能力,为职业核心能力的提升起支撑作用。

(五)建设"双师型"师资队伍

实施"双向嵌入式"校企合作办学模式,必须建设一支结构合理、素质优良、业务精通的乐业、精业、敬业的"双师型"师资队伍。他们应该具有扎实的专业理论基础、综合的知识结构和丰富的行业实践经验,具有创新性的教学观念、教学方法、教学艺术和实训经验。学校应该分期分批选派教师到实习实训基地工作,到旅游企业挂职实践;鼓励教师发挥自己专长,参与职业资格标准的制定和考核工作;引导教师在学以致用及提高职业能力上下功夫,提高教师实践能力和专业技能操作示范能力,丰富教师的阅历经验。同时,学校应该实行固定岗位与流动岗位相结合、专职与兼职相结合的设岗和用人办法,从旅游企业聘任具有丰富实践经验的优秀企业家和高技能人员作为兼职教授,承担学校教育教学任务和实训实习指导工作。

四、培养餐饮业湘菜人才,提升湘菜文化品位

在湖南省政府积极稳妥地推进餐饮行业的快速发展、大力提升消费性服务业的湘菜产业发展政策下,湖南省商务厅通过大力扶持湘菜龙头企业,重点支持那些初具条件的餐饮和湘菜加工企业发展连锁经营和集团经营,打造湘菜餐饮航母。多年来湘菜火爆的原因有两个:一是湖湘文化兼容并蓄的传统;二是湖湘文化的不断创新。兼容并蓄,是指湘菜弘扬湖湘文化博采众家、有容乃大的精神,使湘菜别具一格、独树一帜。湖湘文化作为一种开放的文化,其开拓进取、大胆的创新的态度激发着湘菜品牌的创新之光。湘菜厨师在传承湘菜美食文化的同时,积极地吸取了西方饮食文化的营养,达到中西结合。西方对膳食营养的追求对湘菜产生了积极的影响。

(一)发展湘菜具有重要的战略意义

1. 延伸产业链,带动湖南经济发展

湘菜产业是产业关联度大、带动作用强的综合性产业,在调整和优化湖南经济结构、促进消费、扩大就业、农民增收、提高地方财力等方面发挥了重要作用。根据测算,湘菜产业收入每增加1元,可带动相关产业收入增加4.3元。

2. 安置就业,促进社会和谐

湘菜产业对扩大就业做出了较大贡献。据统计,目前湖南省餐饮从业人员有400万人,其中厨师就有100多万人。间接从业人员达1000万人左右。

3. 传播湖湘文化,树立湖南形象

湘菜有两千多年的辉煌历史,湘菜大厨们已举起国际化大旗,用国际化视野发展湘菜,对湘菜发展的目标、市场运作、产业格局、人才培养,我们在国际大背景下去审视湘菜,进一步用湖湘文化精华元素丰富湘菜底蕴,用湖湘民俗文化丰富湘菜内涵,用世界文明的精髓包装提高湘菜品位,用国际营销手段扩大湘菜占有市场的份额,促进湘菜文化的合理流动,提高湘菜资源配置的国际化程度。

(二)湘菜的生命力源于与文化的结合

湘菜经历两千多年的发展,有着浓厚的湖湘文化底蕴。在马王堆汉墓出土文物中就有一套竹简菜谱。晚清至民国初年,逐步形成了以湘江流域、洞庭湖区和湘西山区三种地方风味为主的湘菜系。在湖湘文化的熏陶下,形成了以"养"为目的,"味"为中心,

"辣"为特色的湘菜风味。湘菜的经营理念始终立足于贯彻湖湘文化思想精髓,以民为本,以弘扬"民风民俗民食"为己任,和谐发展。小吃、小炒、弹词、说书、卖艺、祭祀,花样纷呈,充饥果腹,愉悦心情,消灾祈福,都是谋求一种生命饮食的和谐、社会平安无灾的和谐。如同湖湘文化与齐鲁文化、河洛文化、巴蜀文化、吴越文化、岭南文化闻名于世一样,湘菜成为同时代商贸经济的亮点。

湘菜的生命力源于与文化的结合。文化是湘菜之魂,没有文化的湘菜就没有魅力。居民或游客观山赏水之后为果腹用餐,是湘菜产业发展的初级阶段。文化与湘菜相融合,让居民或游客在文化浸润下办公办事、观光旅游。只有吸引和留下更多的本地居民和游客特别是海外游客,湘菜产业才能发展到高级阶段。湖南人杰地灵,人才辈出,湖湘文化底蕴深厚,以苗、侗、瑶、土家等少数民族为主的民俗文化多姿多彩,广播、影视、出版等文化产业在全国具有较大影响,这是我们大力发展湘菜文化的巨大优势。

湖湘文化积淀湘菜品牌,湖湘文化激活湘菜品牌,湖湘文化引领湘菜品牌。要加强对湘菜文化遗产的挖掘、整理、运用和推广,充分挖掘湘菜的文化内涵。要加强对湘菜历史文献的收集整理和开发利用,运用艺术手段和科学方法,对湘菜进行艺术化处理,展示博大精深的湖湘文化内涵,以独特鲜明的文化特色吸引本土居民和游客。

要创新湘菜和文化相结合的方式。努力学习四川等地的成功经验,结合我省实际,大力推出一批特色鲜明的文化湘菜项目。加大创新、包装、推介力度,要将湖湘文化特色贯穿到湘菜市场开拓的全过程,不断创新、不断奋进。通过各种形式的文化活动打造文化牌、民俗牌、名人牌、民族牌、怀旧牌,进一步提高湘菜文化的品位,通过菜点的创新,达到质量兴店、文化兴店,通过餐饮与娱乐、信息等产业的结合,扩大湘菜文化的内涵,使湘菜成为聚人文、文化于一体的品牌。让居民和游客既寄情湖湘山水、回归自然、品尝湘菜佳肴,又增长见识、陶冶情操,身与心都得到娱乐、放松。

(三)促进湘菜产业持续发展的关键在于培养人才

目前的现实情况是,湘菜虽然火爆,但从业人员的素质却不高,承担提升湘菜文化品位的能力却不强。据对省内部分酒店餐饮从业人员调查,目前酒店餐饮人员结构,餐厅服务及管理人员占总比例的52.66%,厨房管理人员及厨师占47.34%;初中及以下学历约占总人数的24%;高中学历的约占总人数的71%;大专学历(包括进修取得的学历)的占总人数的4.66%;本科学历的占总人数的0.34%。根据社会相关人事资料显示,目前我国酒店大专以上学历占总员工比例平均为11.2%,湖南餐饮从业人员的学历比全国平均水平要低6.2个百分点。从统计的数据来看,酒店餐饮从业人员中,主管以上人员的来源主要是社会上有相关经验的人员,占50%,专业院校毕业的占18%,社会非相关人员占18%。进一步细化分析,厨房主管以上人员,来自社会相关人员占58%,来自学校人员占26%;餐厅部门来自社会有相关经验的占63%,无经验人员占31%,来自学校的主管级别人员仅占6%。可见餐饮管理者队伍学历偏低,尤其是中高层管理者更为突出。高学历者比例太低,不能适应餐饮业快速发展和提升湘菜文化品位的需要。

要大力加强湘菜人才培养。国家的富强,行业的振兴,人才是关键。对餐饮行业经营管理人才和科研人才要加强培训力度,特别是厨师队伍的培训力度。现代人的健康理念是均衡营养膳食,要博众家之所长、洋为中用、融入湘菜,增强湘菜的吸引力。同时,强化开放意识、兼容并蓄,促进餐饮企业、人才的互动,把湘菜的优势推出去,引进省外、海外的厨师、管理人才。让世界先进的文明成果丰富湘菜内涵。

发展湘菜产业,教育要先行。四川省餐饮业发达,2006年,四川省住宿和餐饮业实现销售额625.53亿元,同比增长17.8%,比上年净增94.35亿元,高出社会消费品零售总额增幅2.96个百分点,占社会消费品零售总额的比重达到18.2%,对社会消费品零售总额的增长贡献率达到21.3%。餐饮消费继续成为拉动消费需求快速增长的重要力量。究其原因,与四川省重视川菜教育有非常密切的关系。这一点从原四川烹饪高等专科学校(现四川旅游学院)的快速发展上可以得到佐证。该校是全国唯一一所以烹饪命名,专门培养餐饮人才的公办普通高校。学校现有教职工442人,其中教授27人,副教授74人,博士及博士生10人,有享受国务院特殊津贴专家、部级优秀专家、四川省有突出贡献专家、四川省学术与技术带头人后备人选等6人;国家级职业技能评委15人,取得国家高级职业资格56人,国家级大师、名师32人。在校生6000余人。历年来该校一次性就业率均保持在90%以上。而湖南仅有长沙商贸旅游职业技术学院一所学校开办了大专烹饪专业。

发展湘菜教育必须首先确立湘菜人才培养规格。要保证湘菜产业持续发展,必须在理念上有所突破,要改变"以师带徒"的传统思想观念。要认识到只有培养既懂理论又会实际操作的人才,才能孕育和增强湘菜的创新能力,才能使湘菜真正融入湖湘文化,才能使湘菜产业持续发展。

(四)培养湘菜人才的关键在于建立湘菜人才培养基地

湘菜的发展可以概括为积淀、学习和创新(含技术创新和文化创新)三个阶段,而目前工作的重点则是创新。这不仅需要加入创新的政策扶持与投入,而且要建立人才库和输送渠道,即建立规范的湘菜人才培养基地。

长沙是湖南的省会,长沙菜是湘菜的总代表,在长沙设立湘菜人才培养基地从地理位置上便于湘菜的发展。

长沙商贸旅游职业技术学院与长沙饮食集团有限公司开展烹饪和餐饮管理与服务专业的联合办学,为建立湘菜人才培养基地提供了良好的条件。

长沙饮食集团有限公司是国有改制企业,全国餐饮业百强企业,湖南省十佳流通企业,长沙市经济百强企业。长沙商贸旅游职业技术学院是经湖南省人民政府批准,长沙市人民政府主管,依托长沙商贸旅游业,立足湖南面向全国招生,培养现代中高级商贸旅游人才也是湖南唯一开设大专烹饪专业的全日制高职学院。旅游大类(含湘菜)专业开设15年来,已培养了3000多名中高职旅游类合格人才,培养了导游员1220名、中高级客房服务师及餐厅服务师1100余名、厨师520名、美发师及美容师540名,为社会培训各类旅游人才2000余名,其中包括中职旅游师资70名。目前我院旅游大类专业有在校学生1180人。师生选手在全国及省、市烹饪、导游、酒店服务技能大赛中多次获得优异成绩。目前拥有烹饪教师11人(含客座教授刘国初、许菊云、王墨泉、谭添三、简忠姚、张力行、聂厚忠),拥有良好的实习实训设施。长沙商贸旅游职业技术学院与长沙饮食集团有限公司已于2006年5月正式签约联合开办烹饪和餐饮管理与服务专业,开展了实质性的运作并取得了良好的效果。

建立湘菜人才培养基地必须得到包括政府商务、旅游、教育等部门、行业协会、企业等各方面的大力支持,特别是要列入政府的发展规划之中。

五、执行旅游专业的人文特质标准

(一)旅游专业人文特质的意义

所谓人文,是指与人类社会有直接关系的文化现象,主要分为人文知识和人文精神两方面。所谓旅游专业的人文特质,是指该专业师生建立在人文知识及人文精神基础之上,通过对人类优秀文化吸纳、受人类优秀文化熏陶所反映出来的精神风貌,要求具有高尚的情操、较高的礼仪文明程度、良好的专业服务技能和引导人追求美的素质。旅游专业培育人文特质的意义重大,具体表现为:

1. 适应旅游业特别是动态旅游景观文化的需要

当今旅游业发展非常迅猛,旅游企业之间的竞争已上升为文化性竞争。但目前旅游业从业人员结构不合理、素质低,尤其是人文素质低的问题相当突出,极大地影响了旅游业的发展。

在某种意义上说,导游人员既是景物的直接观赏者、介绍者、沟通人与景物的桥梁,其本身也是一道动态的人文景观。导游有导有游,在游人的面前,他们从审美的角度去感知和把握对象,把游人"导"入审美意境。游人把导游很可能也就视为景物中的人物,成了审美对象。一个好的导游就是一道活的风景。可见,作为旅游专业来说,培养和提高学生人文素质,是适应动态旅游景观文化(如语言文学、实用艺术、造型艺术、表演艺术等形成的视觉艺术整体)乃至整个旅游业发展的需要。

2. 可以使人确立奋进的精神支柱

旅游专业教育教学可以确立如下理念:根据旅游的自然景观多含绿色的特征和当今旅游业是朝阳产业的现实存在,可以确立"希望"的理念;根据动态人文景观可以确立"生机、欢乐、向上"的理念。在教育教学中向学生灌输上述理念,可以促成其良好世界观、人生观的形成,为他注入奋进的精神力量。

3. 可以促进旅游专业核心竞争力的形成

教育的生命力在于办出特色。根据生产力原理,人是生产力中最活跃的因素。如果旅游专业长期坚持礼仪文明、文学修养、形体、音乐、语言、气质、艺术等人文素养的培养,就能使学生有内涵、有气质、有风度、有号召和感染力,就能形成专业特色和强大的核心竞争力。

(二)旅游专业基本人文特质

旅游专业人文特质是一种精神灵物,具体表现为"五性"。

(1)妙悟性。现代旅游主要是在休闲中调节旅游主体身心并激发其审美愉悦,特别是有很多人都是为了悟知旅游的精神和内心的妙悟而旅游,有人称此为"神游"。如果游人能从真境进入"神境",即真境中有了意境,景物中注入情感,直观上增添思维,那么游人得到的身心和精神享受就大得多。作为旅游管理专业的师生,要进行"妙悟"训练,把自然物的天性特征、特性,升华为一种精神,不断丰富旅游的内涵。

(2)礼仪性。旅游专业学生将来毕业工作后面对的是客人,要与客人打交道,是服务性工作,讲究文明礼仪直接与服务效果相关联,可以增强对客人的感染力,从而增加回头客源。

(3)艺术性。优秀的旅游人才蕴含着非常丰富的艺术特征。旅游集现实社会的形体、音乐舞蹈、美发化妆、服饰造型等各种艺术形式于一身,它对于陶冶人的情操和提高人的精神修养具有相当重要的作用。

(4)文学性。旅游专业学生必须经过旅游文学作品欣赏、导游词写作等课程的学习,获得较丰厚的文学知识,这样在将来的导游实践中,才能做到文采飞扬、吸引游人。反之,如果导游的语言干瘪缺文采,客人会觉得索然无味,怀不满之心。

(5)趣味游乐性。旅游专业学生应通过幽默语言、游戏知识、康乐项目的学习与训练,掌握"凑趣逗乐"的本领,达到旅游休闲目的。

(三)对教师人文特质的要求

教师是专业建设的根本。作为旅游专业的教师,必须做到:要给学生一桶水,自己必须是长流水;要让学生做的,自己必须先做、会做。具体做到以下几点:

(1)师德厚。师德对学生起潜移默化的作用。旅游专业教师应注重形成良好的亲和力,对学生产生辐射,培养学生亲切待人的品质。

(2)知识广。该专业教师知识面应尽量广博一些,让学生吸取丰富的营养,适应将来工作的需要。

(3)形体佳。该专业教师也应进行形体训练与保健,在学生面前展示形体美,让学生效仿。

(4)讲礼仪。该专业教师都要学习礼仪知识,进行礼仪训练,讲究礼仪文明规范。

(5)气质特。作为旅游专业教师,应形成自己独特的气质,要从形体到礼仪到语言都表现出具有较高的修为,从服饰到美发化妆都表现出得体、大方,让人钦佩。

(6)实践强。旅游技术岗位要求从业人员必须具有较强的实践能力,比如导游就具有较高实践动手能力,教师必须首先具有较强实践动手能力,要求学生学习导游,老师自己必须是导游。

(四)对学生人文素质的要求

旅游专业学生应具有较强的职业能力。从人文角度看,应达到以下基本要求:

(1)亲和力强。学生应通过接受思想政治教育和职业道德教育,具有良好的心境,宽以待人、乐以待人,形成较强的亲和力。

(2)会动手操作。学生根据职业岗位群的要求,强化导游等各种技能训练,提高自身就业能力。

(3)形体健美。该专业学生具有形体健美特长也是将来适应工作岗位的需要。用人单位在挑选毕业生时除了注重专业知识、实际能力及较好的学习成绩外,最重要的是注重人的第一印象,包括健美的体形、匀称的身材和良好的气质。用人单位需要所在单位的职员有较好的身体和气质,需要具有较强公关能力的人才来适应现代社会发展需要。

(4)讲礼仪文明。该专业学生必须具有较高的礼仪文明水平,因为将来学生所面临的工作岗位主要是与客人打交道。只有习礼、知礼、守礼、行礼,才能加强沟通,使客人满意。

(5)才艺良好。该专业学生必须具有较好的才艺,比如能说会道、具有文学修养、会写字绘画、懂乐器、能唱会跳等方面的某些技艺,这样将来才能满足游客的需要。

(6)气质风度好。该专业学生不仅要求长相较好、打扮得体,更重要的是要有良好的内在气质,具有较强的人格魅力。

(7)创业能力强。该专业学生将来的工作特点是"道千言万语、走千山万水、吃千辛万苦",并且从业岗位变化也快,这样就决定了学习期间要培养自己吃苦耐劳的精神和创业能力,学会自立、自强,具备独当一面的工作能力,能自主择业与创业。

(五)增强旅游专业人文特质的途径

1. 搞好专业定位,确定培养目标

旅游专业应定位为复合型、人文型专业,其意在于,其人才培养的侧重点不在于专才而在于通才,即注重培养具有较强人文素养、知识面广的专门人才。

2. 创造增强人文特质的条件

旅游专业建设要突出人文主线,必须加强人文建设投资,从管理模式到人财物的投入都要作出保证,以强化人文特色。要加强校园文化建设,开展丰富多彩的校园文化活动,比如建设礼仪队、茶艺队,举办调酒比赛、推广礼仪迎宾操等,使学生从中开阔视野、启迪思维、激发情感、娱乐身心、增长才干。

3. 改革课程设置和教学

旅游专业要突出人文特色必须进行课程和教学改革,要多开设文学、音乐舞蹈、形体、礼仪、演讲与口才等课程。在教学方法上要突出针对性和实用性,比如讲"导游实务"课,就要练习怎样写游词并进行实地导游,保证人文教学效果。

4. 加强对教师和学生的针对性人文管理

为了增强旅游专业人文特色,必须对教师和学生进行有针对性的人文管理。对教师来说,主要是教育其自身提高人文素养,并加强其人文教学的考核,促进其加强人文教学。不仅要加强对人文课教师的管理,还要引导专业课教师在教学中渗透人文精神。对学生而言,要对其人文素养进行全方位培养,教学中加重人文课程学分比重,对于人文素养不合格者实行不予毕业的规定,促进学生人文素养的全面提高。

第四节　湖南文化创意旅游发展战略

一、旅游产品开发运用文化创意理念的要求

结合一些旅游产品文化创意开发的成功经验,笔者认为,旅游产品开发运用文化创意理念,应遵循如下创意要求:

(一)研究分析地域文化特点及资源特质,找准创意切入点

区域旅游产品的创意开发,其创意的来源是区域文化和资源特质,这是创意的切入点。因此,旅游产品开发应以区域文化为基础,突出主题和个性,创意设计表现形式和载体,形成自己的独特风格和卖点。例如,河南黄帝故里拜祖大典、禅宗少林·音乐大典等之所以成功,就在于其植根于新郑的黄帝文化和嵩山的少林文化,而深圳主题公园看似与地域文化无关,但实际上与深圳的经济成就和地理位置密切相关,实质上也是其创意的切入点。

(二)坚持市场导向原则,重视参与性、体验性产品开发

市场的认知和接受度是检验旅游产品开发成败的关键。在体验经济背景下,旅游需求越来越重视产品的参与和体验价值。成功案例无一不表明,旅游产品开发迎合游客的体验诉求,是其成功的重要原因。就连以展示为主要功能的深圳主题公园,后期建设的民俗村和欢乐谷,也是以提供游客体验为主题的。因此,旅游产品的创意开发,必须关注这一市场动向,开发丰富多彩的旅游体验活动项目,满足旅游市场的需求。

(三)妥善处理好"高立意"与"通俗化"的关系,做到雅俗共赏

旅游者的普遍需求决定了旅游产品的创意必须通俗化,因为产品开发是面向大众的经济活动,而不只是面向少数人的纯艺术行为。这给我们提出的命题是:在避免与其他旅游产品同质化的前提下,文化创意的"高立意"通过怎样的传播渠道和表现手法为大众所喜闻乐见,既宣扬文化,又收获效益。以禅宗少林·音乐大典为例,其把博大精深的少林文化通过向观众近距离的实景演出,拉近了与观众的距离,而用音乐、舞蹈等形式代替传经诵念,避免了曲高和寡的尴尬,这些创意都值得相关旅游产品开发借鉴。

二、湖南文化旅游创意产业发展实施思路

(一)文化旅游创意产业的发展目标、战略与方针

文化旅游创意产业指为了满足旅游者对精神方面的需求而策划设计的文化活动内容并形成旅游者可以体验参与的活动,以及为此而必备的制度安排和设施条件。创意主要是释放在文化活动的内容、形式和设施上。从旅游业角度看,重点在旅游文化产业的发展与谋划,包括原有产业的稳定发展和深度发展,以及新型创意产业的培育。旅游创意主要包括旅游产品创意(增加文化品位)、旅游活动创意(增加深度体验)、旅游商品创意(加强设计水平)和旅游服务创意(更加人性化)等方面。

1. 发展目标

依托湖南丰富的文化旅游资源,完善丰厚文化旅游产品,增强文化旅游的吸引力和竞争力,提高游客满意度,传播中华文化和湖湘文化,形成湖南文化旅游创意产业发展的基本框架,把长沙建成中国文化旅游创意中心,力争建成世界级的文化旅游创意城市。

2. 发展战略

制定并实施具有前瞻性和可持续性的旅游文化创意发展战略措施。总体上包括对现有文化旅游产品的提升改善,并不断新增创意性的文化旅游产品和项目。实施创新发展战略,全面提升长沙旅游产品;实施深度开发战略,增加旅游产品的体验值;实施体制创新战略,激发旅游文化产品经营主体的活力;实施行业联动战略,做足文化旅游氛围;实施科技带动战略,提高产品保护度与体验度;实施知识产权保护战略,促进旅游商品开发;实施人才集聚战略,使长沙成为文化旅游创意产业的人才聚集地。

3. 发展方针

以湖湘传统和现代文化为主体,以文化创新为主线,以提升湖南的旅游文化创意能力为核心,以伟人文化旅游为龙头,以重大旅游活动和旅游节庆为重点,以文化旅游景区和创意园区为依托,以塑造长沙旅游文化创意产业品牌为导向,采取文化与旅游相结合、继承与创新相结合、产品创意与商品创意相结合的原则,整合资源,整合营销,重点发展都市文化旅游、现代文化娱乐旅游、民俗旅游、乡村旅游、文化休闲旅游、修学度假旅游、访祖认宗旅游等旅游文化创意产业,积极发展文化旅游园区,大力开发具有长沙特色的文化旅游商品。

(二)旅游文化创意产业的重点任务

游客需求决定文化旅游创意产业的发展方向。发展文化旅游创意产业应考虑旅游

者的旅游偏好。多项调查显示旅游者对以湖湘文化为背景的景观更感兴趣,文化的异质性成为吸引国内外旅游者的重要因素。他们对于文物古迹、民俗风情、文化艺术、饮食烹调、旅游购物等富有社会文化内涵、民俗特色的项目,比华裔旅游者更感兴趣。文化趋同的海外旅游者——华侨、港澳台同胞则对优美的自然风光更感兴趣,因为华裔旅游者在文化背景上具有一致性。

1. 促进旅游纪念品的开发和经营,丰富创新旅游商品

(1) 设立旅游商品研发推广展示中心。在湖南文化创意产业聚集区内设立旅游商品研发推广展示中心,发挥集聚效应,培育旅游商品创意市场,打造并完善旅游商品创意产业链,形成新的产业发展群落,发展成具备设计、研发、展示、投资、孵化、培训、交易等功能的旅游商品研发产业基地。研发推广展示中心将按照"企业运作、政府支持、行业集中、功能完善"的基本原则,充分利用湖南文化创意产业聚集区的优势,以湖南文化创意产业发展优惠政策为依托,以产业孵化器的管理服务为手段,通过资源整合和优势集成,全面打造规模化、专业化、网络化、社会化的旅游商品设计、投资和孵化平台。

(2) 开展旅游商品设计大奖赛。设立专项资金,吸引社会各界参加旅游商品设计大奖赛。大奖赛将以部分特定景区(点)为主题。

(3) 政府加强对获奖作品的专利保护措施,实施政府重点采购获奖作品的知识产权。

2. 开发现代娱乐业等创新产品,丰富湖南旅游产品内容

按照走向规模、走向时尚、走向参与的原则,开发创新现代娱乐业产品。

3. 深度开发城区民俗旅游,增加传统旅游产品的体验值

按照突出重点、讲求实效的原则,深度开发以城区为重点的非物质文化遗产民俗旅游。

4. 积极开发时尚文化创意活动,增加动态参与性产品

鼓励国际、国内著名文化旅游创意、制作、经纪、营销机构,利用其人才、技术、资金、品牌和营销渠道,与本市的企事业单位合作开展文化旅游创意活动,提高本市文化旅游创意产业的竞争力,扩大优秀民族文化的国际影响力。

5. 通过科技手段,提高传统文化产品的保护度与体验度

6. 促进跨行业整合开发旅游资源,创意新型休闲度假旅游

7. 培育文化创意产业基地的旅游区功能,引导游客参观文化创意活动

8. 促进人才的培养和引进,使湖南成为文化旅游创意产业的人才聚集地

(三)文化旅游创意产业的保障措施

1. 扶持政策

(1)从文化创意产业发展专项资金中拨付旅游商品开发专项资金,用于设立旅游商品研发推广展示中心;举办旅游商品设计大奖赛;政府采购获奖作品的知识产权。

(2)鼓励旅行社开发创新产品线路。把旅行社开发新产品作为其评定资质等级的标准之一。从文化创意产业发展专项资金中拨付旅行社产品线路开发奖励基金。对于旅行社每年开发旅游新产品线路达到一定接待量的给予后期奖励。鼓励旅行社组团去文化创意产业基地参观,对输送客源多的旅行社给予奖励。鼓励旅行社与国内外文化部门合作,吸引游客参加文艺演出等活动。

(3)从文化创意产业发展专项资金中拨款设立旅游文化创意活动奖励资金,吸引专门人才,从事文化旅游创意活动。

(4)鼓励旅游业与文化产业的结合。如:饭店用品及装饰的艺术化,创建特色饭店;在郊区饭店住宿送文艺演出票。

(5)文化类旅游产品开发的制约因素有体制僵硬与管理分散带来的困难。文化资源分属文化、宗教、建筑等多个部门管理,旅游部门要开发需要大量的协调工作。要创造宽松的社会政治氛围。

2. 政府相关部门协调合作

(1)市工商、知识产权、新闻出版、旅游等部门加强协调配合,强化对旅游商品的产权保护。

(2)争取文化、文物部门与旅游部门紧密合作,通过旅游部门推广文博旅游产品和文艺演出活动;同时,文化、文物部门对旅游团体给予价格优惠以吸引游客。

(3)争取主办大型、有影响力的会议、赛事、演出、展览等活动,吸引高端旅游者。

(4)建立健全产业评估指标体系,以便对文化旅游创意产业进行科学的评价,为制定发展目标、发展重点、政策措施等提供科学的依据。

三、建设文化创意产业,建立创新型的景点景区

(一)建立文化走廊

长沙要重点建立7条文化走廊:开发贾太平街贾谊故居、马王堆汉墓、杜甫江阁、岳麓山、岳麓书院、麓山寺、黄兴墓、蔡锷墓等名人文化走廊;开发岳麓山、爱晚亭、橘子洲、湖南一师、刘少奇故居及纪念馆、贺龙体育馆等红色文化走廊;开发贾谊故居—省博物馆

（马王堆汉墓出土文物陈列）—市博物馆（三国孙吴简牍展）—岳麓书院—岳麓山（爱晚亭）—橘洲公园等湖湘文化走廊；开发湘绣研究所—湖南民俗村（烈士公园）—长沙世界之窗等潇湘风情文化走廊；开发长沙—浏阳工业园—谭嗣同故居—菊花石工艺一条街—烟花鸣放等浏阳烟花文化走廊；开发湘剧院、花鼓剧院、茶馆等传统文化走廊；开发卡通城、"印象湖南"、歌厅文化等现代文化走廊。

（二）开发抗战旅游

在抗日战争进入相持阶段，先后进行了四次长沙会战，中国军队3次将日军战败于长沙城下，并乘胜追击，这不仅是鼓舞全国民心士气的大捷，而且是震惊世界的胜利。第四次长沙会战失败，但抗战精神永存。

目前，岳麓山上的6大抗战遗址（七十三军抗战阵亡将士公墓、清风峡作战指挥部、湖南省会警察纪念堂、长沙会战碑、阵亡将士名录碑、炮台、战壕遗址）已得到部分修复，长沙抗战纪念馆也已落成。但抗战旅游资源开发不够，遗址和纪念馆不够醒目，对抗战事迹宣传不够，要强化这方面的工作。特别是原来的战场已没有标记。现在的长沙是个开放大都市，当年经历血战的荒山野岭东瓜山、阿弥岭、左家塘、王家冲已是热闹的居民区，南门口已是商业步行街，司门口已成为酒吧一条街，紧邻的坡子街成了饮食一条街，百年老店火宫殿坐落在此，当年日军使用毒气的天心阁已成为公园，也是仅存的古城楼，而当年的炮兵阵地岳麓山也变成了公园。建议设立抗战战场标记牌。

（三）开发湘江旅游资源

湘江沿岸的株洲、湘潭、长沙三地区，号称湖南金三角，土地面积占全省的13.3%，人口占全省的18.8%。湘江风光带与莱茵河旅游风光带在两河的水文方面具有相似性，但在资源、基础设施和市场方面有很大区别，湘江沿岸受观光旅游资源的限制，达不到像莱茵河那样开发成国际一流的沿江游赏风光带的整体水平，但现阶段可从近城区的江段入手，以洲滩为重点，逐渐发展成度假休闲型的水上风光带。湘江段的江面宽阔，洲滩发育数多量大，林草宜人，浴场较好，如月亮岛、水陆洲、兴马洲、楮洲等。湘江风光带要以资源为基础，以市场为导向。目前长沙湘江段水面上夏季音乐茶座平台发展很快，夏夜江面上流光溢彩，这便是湘江风光带的雏形。要把三市各自江面上的音乐茶座平台动起来，在三市间形成流动的水上旅游线是完全有可能的，因为市场潜力是存在的，会议旅游、家庭旅游、修学旅游等诸多旅游消费都可以在湘江风光带的游船上展开。湘江风光带开发要发挥政府主导型功能，要由旅游部门牵头，共同营造水运、文化、餐饮等多家产业的共同繁荣。

四、必须保护和开发非物质文化遗产

目前人们对非物质文化遗产的认识存在偏差。主要表现为:对于非物质文化遗产,或只做静止观察,忽视生命活态;或只看直观表象,忽视深层底蕴;或只重单一事象,忽视有机生态;等等。结果是行动的失误:有的保下枝干,丢了根基;有的得其形表,失却神魂;有的则留驻孤影,家园难寻。其症结就在于未能正确认识非物质文化遗产的本质。

笔者认为,非物质文化遗产的本质就是:在保护文化生态、尊故融新理念指导下,在活态保护下,使非物质文化遗产的美感与核心价值为促进和谐社会建设服务。

(一)必须是在保护文化生态理念指导下的非物质文化遗产

生物多样性是人类社会赖以生存和发展的基础。生物多样性就是地球上所有的生物——植物、动物和微生物综合体。它包括遗传多样性、物种多样性和生态系统多样性三个组成部分,或称之为三个层次。生态系统是生物与其所生存环境构成的综合体。所有物种都是各种生态系统的组成部分。每一物种都在维持着其所在的生态系统,同时又依赖着这一生态系统以延续其生存。生态系统的类型很多,但是所有生态系统都保持着各自的生态过程。不论是对一个小的生态系统而言或是全球范围来看,这些生态过程对于所有生物的存在、进化和持续发展都是至关重要的。因此,生物多样性也可以说是地球上所有生物物种、各个物种所拥有的基因和由各种生物与环境相互作用形成的生态系统,以及它们的生态过程的多样性与复杂性的概括。

联合国教科文组织成立以后,一个很重要的任务就是保护和弘扬文化的多样性。2001年,它通过了《文化多样性宣言》。在《文化多样性宣言》和《保护非物质文化遗产公约》里,文化的多样性都被比喻成生物的多样性。因为人类的文化创造和遗存,就好像人类的基因,包含了过去世代累积的信息和发展的可能性。文化如同一种生态环境,在这种生态环境中繁衍、生长了不同的民间文化之树和民间文化果实,民间艺术也正是这种生态环境的产物。但是,如果仅仅局限于对文化产品的研究显然是冷落了传统文化的底蕴和内在生命力。如果文化生态环境受到了破坏,文化也就会凋零、失落或者畸形发展,即使新文化也将成为无本之木、无源之水,这正是文化的生态性。我们所关注的"文化生态"不仅是那些以保护环境为题材的文学艺术作品或这些作品所反映的与大自然的关系,或是描述一种文化现象,而是从自然生态与人的关系、文化与人的关系入手,去关注那些已经或正在被社会丢弃的人类文明,那些与自然、与人类和谐相处的文化生态,并侧重于以手工文化和民艺为重点内容。文化生态包括有形的文化资产与无形的文化资源,

涵盖着文化与自然环境的关系、文化与民众生活方式之间关系的方方面面,影响着人们的价值观念、生活方式和审美境界等相关的文化存在。

(二)必须是尊故融新理念指导下的非物质文化遗产

在非物质文化遗产保护中,最重要的事情就是要保持其活态性。活态性怎么才能保持呢?只有靠传承。传承有两个要点:一是继承,二是发展。而继承和发展的前提就是"尊故融新"。

文化是靠积累与传承而存在、发展的。同一文化中的故与新一般不是二元对立的关系,而是近似于生物进化中遗传与变异的关系。故,如同父母;新,如同子女。非物质文化遗产中的故与新之间虽有扬弃和变异,但二者的关系不是后者否定前者,而是一脉相承、相依为命、相生相融的关系,新以故为基础、故以新为方向不断发展。

在非物质文化遗产保护中出现了一些不恰当的态度和做法。例如:或认为非物质文化遗产是过时的、落后的东西,没有现实价值,对之持否定的态度,不予保护;或囿于二元对立的习惯思维,否定或无视传统,割断历史一味搞"创新",使非物质文化活动成为无根的"插花";或不把关注点放在保护核心价值、延续文化生命上,而是把非物质文化遗产当成装饰、幌子、"做文章"的题目,甚至是卖点,追求眼前的"形象"、"政绩"和经济利益,结果造成非物质文化遗产的畸变。凡此种种,分析原因,根子在于对非物质文化遗产中故与新的关系缺乏正确深刻的认识,继而对非物质文化遗产缺乏真正和足够的尊重。

"尊故",与"破旧"相反,它要求对待传统充分肯定其价值,持尊重态度,但也不是盲目崇古,不是将过去的东西全盘照搬。它的关注点是蕴含在非物质文化遗产中的文化基因——即特定历史条件下形成的、由特定民族精神(心理)积淀而成的核心价值观。这是非物质文化遗产的命根子,我们保护的就是这个命根子。只要找准这个命根子,充分地尊重它,有效地保护它,并忠实地把它传承下去,非物质文化遗产就能保持活态。

"融新"的"新"有两个含义:一是从故发展而来,新中含有故的基因;二是故的发展方向和必然结果。"融新"是故走进新时代后形成的一种既传统又现代的文化形态。这种文化形态是传统与现代的"合金"。

(三)必须是在活态保护下的非物质文化遗产

非物质文化遗产是一种活态文化遗产。活态文化遗产的保护绝不是放在博物馆保存,而是要保存其固有的生命活力,通过保护促进传承,在传承中得到保护。例如昆曲的保护,不能认为保存了剧本、服装、道具等有形的形态或者是对老艺人的唱腔、唱段进行了录像就是保护了昆曲,这样的保护是"标本"式的保护,无法和老艺人的口传心授、耳提面命对昆曲的传承相提并论。非物质文化遗产自身特点决定它只有依靠活态的传承才能实现真正意义上的保护。在这个意义上,传承人的保护就显得尤为重要。目前有的学者提出了"无形文化有形化"的观点,希望通过多媒体等科技手段保护非物质文化遗产,我想这只能是辅助手段而不能代替活态传承。

活态保护不仅仅是传承人的保护,还要包括传承环境的保护。有专家提出"活鱼要在水中看",那么水环境的保护就显得更为重要和关键。这是一个比保护传承人更难的命题。在经济全球化的影响下,传统文化所赖以生长和存活的农耕文化及其相关的自然环境和社会环境已急剧变迁,很多非物质文化遗产失去了存活的土壤,一味地复原显然不现实,怎样让优秀的文化遗产适应变化了的时代和环境并保存其精神实质,怎样有意识地创造优良的传承环境和真实而非虚构的文化空间,为遗产的传承营建良好的文化氛围,是一件需要精心思考而又十分重要的工作。

(四)必须是具有美感的非物质文化遗产

审美活动中,客观存在的美在审美主体身上所引起的愉悦感受和欣赏、评价等心理活动与心理过程,称审美感受。广义的美感又指审美意识,即审美对象在人们头脑中的能动反映,它包括审美趣味、审美能力、审美观念、审美理想、审美感受等审美意识活动各个方面和各种表现形态。

非物质文化遗产的美感具有直觉性。当人们接触到美的事物时,往往无须经过认真的思考、逻辑的推理或理论的论证,就能一下子直接感受到事物的美。如古琴音乐具有深沉蕴藉、潇洒飘逸的风格特点和感人至深的艺术魅力,最擅长用"虚"、"远"来制造一种空灵的美感,追求含蓄的、内在的神韵和意境,它既有丰富的内涵,又有表面上看极简约、自由、散漫的外在形式。

非物质文化遗产的美感具有情感性。人们在审美活动中,总是伴随着好恶爱憎,充满了情感色彩,审美中更是如此。一个特定民族(社群)的非物质文化,又总是凝铸着她的民族精神,体现着民族的性格,因而与那里的民众有着深深的情感纽结,密不可分。

非物质文化遗产的美感具有共同性。审美活动中尽管存在着个体的、时代的、民族的、阶级的差异,但我们不能把这种差异绝对化。事实上,即使是不同时代、不同民族、不同阶级的审美主体,对同一审美对象往往仍能找到一些相近或相似的审美感受,这便是审美活动中的共同性。

非物质文化遗产的美感还具有时代性、民族性和阶级性的特点。审美活动,作为一种社会实践活动,它必然要受社会经济、政治、文化、习俗等因素的制约与影响。随着时代的变迁,社会经济、政治、文化、习俗也发生相应的变化,这种变化反映到审美实践中,就表现为美感的时代性。美感的民族特点同样是非常明显的。民族是人们在历史上形成的一个有共同语言、共同地域、共同经济生活以及表现于共同文化上的共同心理素质的稳定的共同体。同一民族成员受到这些相同条件的影响,必然在审美活动中表现出某些共同的因素,而这些因素对于其他民族来说,就构成了鲜明的民族特色。阶级差异同样会在审美活动中表现出来。

(五)必须是具有核心价值的非物质文化遗产

历史传承价值是非物质文化遗产价值体系的核心价值、价值准则。非物质文化遗产的历史传承价值主要表现在:

从根源上来说,非物质文化遗产是"一种集团或个人的创造,面向该集团并世代流传,它反映了这个团体的期望,是代表这个团体文化和社会个性的恰当的表达形式"。由此可见,非物质文化遗产是反映了民众集体生活,并长期得以流传的人类文化活动及其成果,因而具有不容忽视的历史文化价值。尤其重要的是,非物质文化遗产以其民间的、口传的、野史的、活态的历史文化价值,可以弥补官方历史之类正史典籍的不足、遗漏或讳饰,有助于人们更真实、更全面、更接近本原地去认识已逝的历史及文化。

非物质文化遗产中深深蕴藏着所属民族的文化基因、精神特质,这些在长期的生产劳动、生活实践中积淀而成的民族精神,是世代相传沉积下来的民族的思想精髓、文化理念,是包括了民族的价值观念、心理结构、气质情感等在内的群体意识、群体精神,是民族的灵魂、民族文化的本质和核心。因此在当今全球一体化的潜在威胁下,确保民族特性、民族精神的代代相传,是每一个民族无法回避的重要任务,而非物质文化遗产作为人类文化传递和保存的生动有效的手段、工具和载体,能够很好地将民族精神等文化信息传递到每一个人、每一代人这些活生生的载体上,从而造就一个有独特文化个性和崇高民族精神的伟大民族。

(六)必须是能为促进和谐社会建设服务的非物质文化遗产

非物质文化遗产作为活态文化,因为受人类社会结构和环境改变的影响,以及其本身存在形态的限制,必然带来它的社会存在基础日渐狭窄的发展趋向,所以它的生存也遇到了前所未有的危机,有不少甚至已经消失或面临消失的危险。这一方面是社会发展必然性的影响;另一方面,不能不看到,这种影响的后果是传统文化、弱势文化的加速消亡,它体现的特定民族或群体的文化精神和人类情感、特有的思维方式、传统价值观念和审美理想,将为现代工业社会所产生的不稳定的文化观念所消解或代替。一个民族深层文化基因的改变,必然带来民族个性的变异和扭曲以及民族特征的弱化甚至消亡;特定地域、群体中凝聚其文化传统的那些难以用外在尺度衡量的文化表现形式的消解,也必然带来价值观念的混乱。非物质文化遗产对继承和弘扬传统文化,构建和谐社会,发挥着独到的作用。对丰富多样,具有历史、文化、科学价值的非物质文化遗产进行有效保护,并进而促进经济社会的全面、协调和可持续发展,是构建社会主义和谐社会的必然要求。对非物质文化遗产保护的重视与否,是衡量一个国家和民族文明和谐程度的重要标志。

第七章　文脉、史脉、地脉与湖南旅游产业融合的综合实例分析

文脉、史脉和地脉的分析是确定和挖掘旅游景区特色最直接的方法。笔者通过调研，选择几个典型的融合开发案例进行分析，以期揭示文脉、史脉和地脉与湖南旅游产业融合的一般规律。

第一节　长沙市环城特色古镇群休闲旅游问题探讨

长沙市为湖南省会，所辖的长沙、望城、宁乡3个县以及浏阳市，古镇旅游资源丰富，且各县的古镇旅游资源各有特色，同时古镇资源互补性好，交通便利，各县旅游基础配套设施齐全，具备发展环城特色古镇群休闲旅游的基础条件。根据环城游憩带理论，在城市郊区，因既有交通便利、配套设施齐全等优势，同时还兼具良好的自然生态环境和具有大多数旅游者可接受的出行成本优势，最终形成游憩区域。本文就长沙市环城游憩区域发展环城特色古镇群休闲旅游的基础、条件及路径进行探讨，以求对环城特色古镇群现象进行解析，开辟新的休闲旅游领域。

一、长沙市环城特色古镇群休闲旅游发展的基础

（一）自然环境要素

长沙环城古镇群地处长沙城郊，从宏观的自然地理来看，或临江而建，或依山傍水。古镇中的大多数都处于河流两岸，如湘江两岸有望城县的铜官镇、丁字镇、靖港镇、乔口镇四个文化古镇，捞刀河边长沙县有"绿色水乡古镇"榔梨镇、白沙镇和新开村，浏阳河边有文家市镇、枨冲古镇、社港古镇、镇头古镇。长沙市环城古镇中少数依山傍水，如宁乡县有"理学源头"古镇巷子口镇、黄材古镇、沩山古镇，浏阳市有大围山古镇等。

(二)人文环境要素

长沙环城古镇依山傍水,形成了独特的湖湘文化,如古建筑文化、传统手工艺遗产文化、渔港文化、名人逸事、饮食文化等。在古建筑文化方面,长沙环城特色古镇群古建筑多为长沙明清建筑风格;在传统手工艺遗产文化方面,有制陶文化,有湘绣文化,有鞭炮烟花文化;在渔港文化方面,有称为渔都的乔口镇,有孕育了椰梨源远流长的梨江渔港文化的椰梨镇;在名人逸事文化方面,古镇群孕育了一批名人,如靖港的得名相传来自唐朝大将李靖,唐代的杜甫、李群玉、僧护国,明代的詹士懿、王夫之,清代的易宗瀛、唐仲冕、贺熙龄、吴敏树都在铜官古镇留下了脍炙人口的诗文,枨冲镇曾养育出唐才常、唐才中、黎尚雯、余昭常等一大批爱国英雄志士;在民间艺术方面,形成了丰厚的民间艺术文化,目前各古镇尚有一批能表演的民间艺术家;在红色文化方面,在中国革命的历史进程中,长沙市环城古镇群留下了深厚的红色文化,如1927年,毛泽东同志率领秋收起义部队在文家市会师,从此开辟了农村包围城市,武装夺取政权的正确道路。

(三)社会经济要素

各古镇所处的县市经济发达,物产丰富,人民生活不断改善,社会事业全面发展,县域经济综合实力位居全省前列。

二、长沙市环城特色古镇群休闲旅游发展条件分析

(一)优势

1. 区位条件优越

对于都市人来讲,由于城市生活带来的巨大压力,以及城市环境对健康的影响,他们对生活需求已上升到更加注重健康、体验生活的精神层次,对于户外活动有更多的需要。根据研究和调查分析,国内绝大多数大中城市居民的出游率80%在500公里范围内。其中城郊旅游在时间和资金上要求较低,符合现在的工作休息习惯,这一出游方式更受城市居民欢迎。同时,双休假期使本地居民的日常休闲活动范围扩大至郊区或邻县、市,城市周边将会形成以一日车程为界的城市游憩带。

2. 各古镇旅游资源特色鲜明

铜官镇为千年陶都;靖港镇素称"小汉口",曾为湖南四大米市之一,又是省内淮盐主要经销口岸之一,是境内第一繁荣集镇;椰梨镇始建于晋朝,是一座有着近两千年历史的古镇,具有江南水乡之美;大围山镇素有"小上海"、"浏东重镇"之称;沩山镇人杰地灵、文物荟萃,素有"小西藏"之称,其山山水水都充满灵性;白沙古镇有500余年的历史,素

有"小南京"之称,浏阳河将其分为河东、河西两处,与红军大桥相接;新开村是古城长沙历经战火摧残后留下的弥足珍贵的晚清江南民居标本等,各古镇旅游资源特色鲜明。

3. 旅游资源地域组合良好

长沙环城特色古镇旅游资源地域组合良好。各古镇特色旅游资源沿主要公路呈线状分布。重要景点如望城县的铜官镇、丁字镇、靖港镇、乔口镇;宁乡县的巷子口镇、沩山镇;长沙县的榔梨古镇、新开村;浏阳市的大围山镇、枨冲镇、白沙古镇等景点分布较集中呈面状,形成点线面结合的整体格局,同时各古镇周边所处环境自然旅游资源良好,形成了自然与人文景观相互补充和协调发展的格局。

4. 康体娱乐活动多元化

各古镇不仅可以让游客体验原汁原味的古镇特色,同时具有较高的康娱价值,各古镇丰富的乡村资源、山地资源、森林资源和水体资源,可开展乡村娱乐活动,如休憩游乐、野外运动、健身活动等多种形式的活动,也可开发出绿色康体为主的生态旅游项目,维持人与自然的和谐,从而形成多层次、多元化的康娱活动体系。

5. 生态环境良好

长沙市环城特色古镇生态环境良好,古镇所处环境植被覆盖率高,水质清澈,空气清新,噪音小,环境保持了古朴的原生态,水文、地质、地貌、气候、生物等各种因素之间平衡与协调发展,整个地区的生态环境维持较高水平。

(二) 机会

1. 长沙进入休闲旅游时代

按照一般规律,游客对旅游的需求层次根据人均 GDP 的增加呈阶梯状发展。2009年中国大陆人均实际 GDP 为 6914 美元,长沙常住人口人均 GDP 达 56620 元,长沙市居民消费水平已经进入以休闲旅游和度假旅游为主的新阶段。

2. 长株潭一体化进程加快

长株潭一体化进程的加快以及两型社会的平稳推进,为长沙市环城特色古镇群休闲旅游的发展不仅提供了广阔的客源市场,而且也是长沙旅游产业新一轮转型升级的必然选择。

3. 武广高铁的建成通车,拉近了长沙与周边城市的距离

武广高铁于 2010 年建成通车,长沙成为对接武汉和广州两大城市的重要集散枢纽,从而使得长沙主动融入了长三角地区和珠三角地区,拉近了长沙与周边城市的距离,为环城特色古镇群休闲旅游的开发提供了良好的开发条件。

(三)威胁

1. 同质产品的相互竞争

就湖南省的情况来看,各地开展的古镇旅游活动差距并不大,竞争比较激烈。长沙环城特色古镇群休闲旅游如果不能突出定位古镇休闲旅游的特色和优势,而与其他古镇旅游地雷同,那么市场发展受到限制就有很大可能。

2. 旅游资源开发和旅游可持续发展之间的矛盾

长沙特色古镇群旅游资源的开发必须以不损害环境为代价,要注意利用与开发之间的辩证关系。古镇旅游资源有着不可再生性的特点,游客的大量涌入必将会对环境造成影响,因此,保持长沙市古镇群休闲旅游在可持续发展的同时,应注意资源的保护和生态容量,防止过度开发。

三、长沙市环城特色古镇群休闲旅游发展路径

(一)准确定位

长沙市环城特色古镇群休闲旅游发展应该从旅游发展的战略、旅游形象以及客源市场三个方面来确定旅游的发展方向,具体为:

旅游发展战略定位:长沙环城特色古镇群的旅游开发在突出古镇特色和优势的基础上,通过资源保护和打造产品个性,走旅游可持续发展的道路。建立有效的古镇群休闲旅游业发展模式,取得良好的经济效益,并切实做到与社会效益、环境效益的三效统一,使得长沙环城特色古镇群休闲旅游成为长沙市环城游憩带上"古色+绿色"的一个集古镇观光、民俗体验、乡村休闲和旅游购物相结合的旅游接待区。

古镇群休闲旅游形象定位:树立环城特色古镇群休闲旅游形象,打造"绿色古镇,休闲古镇"。

客源市场定位:从地域结构上看,确定长沙环城古镇群休闲旅游市场的地域结构为三个层次:以长沙市的五区三县一市周围附近的当地消费群体的一级客源市场,以广州、武汉和株洲、湘潭、益阳等县市的3小时经济圈内的一日至二日游客的二级客源市场,以及实现来长沙旅游的部分游客分流的机会市场。

(二)创新开发策略

在长沙市环城特色古镇群休闲旅游的开发中,在开发理念、产品组合、营销方式、景区管理模式等方面要运用创新理念,实现长沙市环城特色古镇群休闲旅游的规模开发、联动开发和整体开发的效果。

1. 开发理念创新

从保护历史文化遗产、更新历史街区功能、培育古镇经济活力、构建景观特色环境的角度提出对长沙环城特色古镇群休闲旅游的开发构想及发展策略。其发展理念为：保护优先，保护与开发相结合；整体规划，突出重点与特点；联动开发，古镇旅游资源与绿色生态协调发展。

2. 产品组合创新

长沙环城特色古镇群休闲旅游产品的开发在注重"绿色和古色"以及休闲的基础上，形成独特的旅游产品体系，结合古镇本地文化与周边自然环境，其开发的产品体系应该以"古城观光体验旅游与乡村休闲娱乐体验旅游"为主打产品。开发方式可以以"组团"的形式开发。

3. 营销方式创新

古镇应该彼此加强联系，开展整体促销活动，增强古镇群休闲旅游的品牌效应，从而开拓古镇的旅游客源市场。具体为：

(1) 突出古镇群休闲旅游品牌的整体形象，加大品牌宣传，以品牌推广来促进旅游产品的整体营销。

(2) 邀请各大媒体对环城古镇群进行考察，注意运用各类事件来制造新闻，从而达到宣传的目的，利用新闻媒体加大宣传促销力度，在消费者中树立起自己独特鲜明的主体形象。

(3) 利用视觉景观进行宣传促销，在旅游景点使用招徕性视觉景观宣传和促销，部分路段设置大型广告宣传牌，以达到宣传、吸引游客的目的。

(4) 利用节庆活动形式加强旅游市场宣传促销。通过宗教、民俗、文化节事和活动比赛来吸引参与，扩大影响。同时要通过活动在各个季节制造旅游热点。

(5) 制作新颖有特色的宣传资料，如导游图、说明手册、活动讲解等。宣传资料配合促销工作和节庆活动，根据季节、活动适当调整。

(6) 加强与其他区域景区配合组线，形成叠加效应。与长沙市各旅行社和旅游交通公司联系，组织线路，开通旅游专线。在酒店、车站、商店人流较多地段派发旅游宣传品。

(7) 加强旅游产品的促销工作，积极配合市县各种大型促销活动，参加旅游展会，提高知名度。

(三) 打造特色

各古镇的特色是其核心吸引力，因此在长沙环城特色群休闲旅游的开发上应该充分挖掘各古镇的特色,提升其文化品位,走差异化的开发之路。依据各古镇所处的区位情况、各古镇所处的自然资源环境以及各古镇本地资源特色,凸现湖湘文化特色、现代休闲旅游特色和红色旅游特色。

第二节 湖南长沙靖港古镇特色旅游开发初探

2009年11月,《国务院关于加快旅游业发展的意见》(国发〔2009〕41号)提出:"要实施富民工程,建设特色景观村镇。"作为长沙唯一、也是湖南仅有的两处"中国历史文化名镇"之一的靖港镇,就具有这方面的独特优势。本文仅就靖港古镇特色旅游开发略陈己见。

一、靖港古镇形成的历史地理环境背景

(一)交通区位条件优越

靖港,位于长沙古城附廓县望城县西北的湘江西岸,古沩水与湘江的汇合处,南距长沙市城区25公里。在"南船北马"的中国古代,南方的主要商旅活动中心多集中分布于享有"舟楫之利"的沿河、沿湖、沿海地带。古湘江航道发源于南岭山区,北注洞庭湖的湘江,南极潇湘,北通江汉宁越,同时也是古代中原地区南通岭南地区的水上交通要道之一,即所谓"京粤大道",日过江船千百艘。靖港即为古湘江航道上的一个重要交通节点,长沙古城的一个外港。靖港还处于长沙、湘潭、浏阳、宁乡、益阳、湘阴、汨罗等数地的陆路交通十字路口,古代的水陆交通地位十分重要,这些为古镇的发展和繁荣提供了必要的优越交通条件。

(二)经济腹地广阔而富饶

靖港在区域空间位置上位处湘中丘陵盆地向洞庭湖平原的过渡地带。其经济腹地以湘江为轴带,上承衡、永、郴、桂数郡,下接岳、益、常、澧等州府,而且农业开发历史悠久。早在春秋后期到秦汉时代,湘江流域和洞庭湖平原一带便是"楚越之地,饭稻羹鱼"(《史记·货殖列传》)和"民食鱼稻……食物常足"(《汉书·地理志》);三国至两晋时期,更是"江表惟长沙有好米……上风吹之,五里闻香"(《魏文帝与朝臣书》);唐代后期"漕引潇湘、洞庭……"(《新唐书》);宋代的湘江下游采用"巨舰漕米"。与此同时,苎麻、蚕桑、茶叶、柑橘等经济作物和亚热带水果也普遍种植,陶瓷、采冶、丝绸等手工业得到相

应发展。就是在这种背景下,靖港镇在唐代发展成为一个重要的区域集市贸易中心。历经元、明、清,乃至民国,这里成为益阳、湘阴、宁乡及望城等地的粮食及土特产集散转运中心和口岸、重要商贸港口。

(三)独特的发展演变历史

靖港,原名芦江,又名沩港。相传因唐代名将李靖曾驻兵于此,为纪念其而易名靖港。靖港历为军事重镇,至今留有湘军与太平军激战的古战场;民国年间的军阀赵恒惕与蔡钜猷火拼也曾在这里隔江对峙,抗日战争期间遭受过日军铁蹄的蹂躏。靖港经济地位也十分重要,为古代湖南主要淮盐经销口岸和全省的四大米市之一,曾一度还是仅次于长沙的第二大商贸中心。清末至民国早中期,靖港有粮行50多家,粮栈、米号20余家,还有工商作坊,各式商铺2000多家,码头38处;常年往来于沩水、湘江的"乌篷船"有3000多艘,平时停靠船只千余艘,并有现代洋轮停靠。民国中期水路通畅,商贾云集市场繁荣,其时与津市、洪江同称为湖南繁华的三大商镇。宗教寺庙文化、会馆文化、民间艺术文化、民俗文化、红色文化乃至青楼妓院文化等,也相伴在此发展起来。新中国成立以后因现代交通的兴起,古镇曾一度沉寂。但改革开放以来,尤其是随着现代旅游业的发展,古镇又将焕发出青春的活力。

二、靖港古镇现代旅游开发的优势分析

(一)特色古镇旅游资源优势

靖港旅游资源的优势就在于特色。其主要表现一是古韵悠悠。千年古镇发展至民国时期达到极盛。其时与其南岸堤和对岸铜官古镇的誓港,共同形成了类似于武汉三镇的湘江下游集镇群,时称"小汉口"。商市繁荣昌盛,至今仍保存着"八街四巷七码头"的街镇格局,存留有传统古建筑1008栋、3646间,建筑面积达22607平方米。贯穿整个靖港镇的麻石古街"保健街"上的宁乡会馆"八音堂"、清代青楼"宏泰坊"、"杨泗庙"等都是历史比较悠久而又保存得比较完整的古建筑,它们与古民居、古作坊、古商铺、古码头、古驿站、古桥、古井等共同构成了靖港古韵悠悠的古镇风貌。二是水乡韵味。靖港位处古沩水入湘江口,北当洞庭湖流域南缘大众垸区,又处于当代长沙"百里水产走廊"的核心部位,河网密布、湖泊成群,是典型的水乡古镇。港口、码头、乌篷船以及油纸伞和木屐作坊等,都隐隐可见。它们与柳浪闻莺、石墩凉风、楼镜潇湘、梨园戏水、靖港古八景等亲水性景观,至今都显示着一股水乡的韵味。三是具有湖湘文化特色。千百年来靖港流传的三月清明放河灯,五月端午划龙舟,六月初八杨泗庙庙会,九月十九参拜观音庙中的观音

圣诞,正月初一耍龙灯,正月十五闹元宵等节庆活动,都隆重热烈;皮影戏、花鼓戏、靖港火焙鱼、靖港香干、靖港油纸伞等,也很有地方特色。四是具有古代军事重镇旅游特色。唐代开国之初,李靖曾奉唐高祖之命,领军击败萧铣平定江南,并镇守长沙湘江一带。他的兵营驻扎在沩水港口。李靖治军有方,对部下又要求严格,因此李靖的军队纪律严明,很受老百姓爱戴。他离开长沙去漠北之后,人们一直很怀念他,于是就把他驻扎过的"沩港"改名为"靖港"。咸丰四年(1854年)二月初九(3月7日)太平军征湘军占领靖港,四月初二(4月28日),石贞祥率征湘军大败曾国藩水师于靖港。曾国藩在靖港对岸铜官渚愤而投江,被人救上。湘军水师彭玉麟、陆师塔齐布等合力攻击太平军,四月初八(5月4日)太平军自靖港退守岳州。

(二)长沙西北湘江特色古镇风光带的龙头

长沙西北望城县境内湘江两岸,自南向北密集分布着丁字、铜官、靖港、乔口四大古镇,形成长沙市最大的特色古镇群。望城县"十一五"旅游规划计划建设"靖港古镇—长沙铜官窑遗址—欧阳询故里"历史文化旅游精品线和"曾国藩文化园—橘子洲头—岳麓书院—月亮禹—书查山—长沙铜官窑遗址—铜官、靖港古镇"湘江风光带水上旅游精品线。无论省内还是国内,这条线路无疑都是最具魅力的旅游线路。这是因为:丁字镇(又称丁字湾)因自古盛产麻石(花岗岩)而被誉为"中国石城",石雕工艺遗存较多。现代的丁字花岗岩矿区为全国的十大石材产区之一,因所产花岗岩质量高、性能好,且放射性元素含量低,成为我国理想的优质工业用材和民用建筑用材,开发潜力巨大。境内的书堂山是唐代大书法家欧阳询读书练笔之处;铜官与靖港镇隔江相望,春秋战国时期以产铜闻名,自唐代起即以生产陶瓷著名,为我国釉彩发源地,也是当代中国的全国五大陶都之一;镇南石渚湖北岸为唐铜官窑遗址,古有"十里陶城"之称,为全国重点文物保护单位,也是湖南省级首批历史文化名镇;铜官古镇还是湖南工人运动领导者郭亮同志诞生的地方,镇内建有"郭亮烈士纪念亭"和"郭亮烈士墓";乔口镇位于三地(长沙、益阳、岳阳)四县交界处,三面环水,自然生态环境独胜,是著名的"鱼米之乡"和全国特种水产基地。四者虽各具特色和优势,但整体衡量,靖港古镇的龙头地位不可动摇。因为靖港古镇旅游资源类别最齐、综合性最强,湖湘文化特征最浓,遗存最丰厚,位置最适中,品牌效应最大,其他三个古镇特色明显但比较单一,只有同靖港古镇构成一个整体形成互补,才能发挥强大的吸引力。

(三)客源市场潜力大

长沙市及望城县旅游部门将靖港古镇的现代旅游开发目标定位为"区域性都市休闲

度假基地",根据其处于长、株、潭、岳、益等都市一小时旅游圈的交叉辐射地位以及丰富的旅游文化内涵,原生态的水乡风情和特有的古镇韵味,其定位无疑是十分准确的。一是靖港古镇旅游资源吸引力强。靖港古镇旅游资源的特色在于它的"形"、"意"。"形"是指具有美学观赏性的古老建筑及其文化艺术形态;"意"是指禀赋于景观中的文化意识,它由显性的文化形态和隐性的文化内涵所组成。这种"形"、"意"的相互交融构成靖港古镇旅游产品的巨大吸引力和独特的品质,在旅游市场中独树一帜。二是靖港古镇旅游在客源的构成与层次上偏重于数量可观的知识层旅游群体和城市旅游群体。古镇旅游是一种古文化鲜明的旅游类型,古镇旅游文化能被大多数知识层次较高的旅游者所接受。城市旅游者长期居住的环境与旅游目的地环境之间的差异性构成了旅游的基本动机,"差异性旅游"始终是旅游市场中的主旋律,古代文明与现代文明之间的显著差异导致了现代人对访古探幽的偏好。三是旅游者对靖港古镇旅游的特殊青睐。在"自然回归,绿色享受"的21世纪体验经济时代,观光休闲和度假越来越成为人们生活中最为重要的内容之一。尤其是城市居民对原汁原味的乡村民俗旅游、充满泥土气息的乡村生态旅游、有着传奇色彩的乡村文化旅游等,都有着特有的钟爱。芦花荡、乌篷船、油纸雨伞、带脚的雨具木屐、黝黑并发散着桐油味的木质门窗、斑驳的屋檐、长着青苔的黑瓦,以及麻古街、皮影子戏、地花鼓,乃至古庙、青楼等,对生活在城市的任何人都有一种无穷的吸引力,使处于特大城市长沙周边的古镇客源市场强大。四是客源地—旅游地之间关联度强。通过旅游廊道在客源地与目的地之间由于旅游需求的近似性而引起的旅游人群的空间移位。仅就生活在湘中、湘北的城市居民就有好几百万,随着"武广"高铁的通车,仅两个小时就可以到达的珠三角城市群和以武汉为中心的华中城市群广大市民,又何尝不想来一睹楚湘文化缩影的风采。"好酒不怕巷子深",靖港古镇及其特色古镇群旅游区的客源市场前景广阔。

三、对靖港旅游开发的建议

(一)旅游产品开发要做大特色文章

旅游产品之所以成为绝品、精品,其最重要的衡量标准就是特色。人所共知,特色是旅游产品生命之所在。靖港古镇特色旅游资源,是开发特色旅游产品的基础。靖港古镇旅游必须突出异质性。具体地说,要突出"两韵(古韵、水韵)、三体验(湖湘文化旅游体验、古代军事重镇旅游体验、现代休闲旅游体验)",其"两韵"中的"古韵""水韵",重点是要真实再现当年的情景、延续当年的风貌,同时又要让游客参与其中,形成互动关系,以增加游人的兴致。如让游客体验靖港昔时繁忙的水运场景,除游弋于湘江沩水的中小型乌篷船外,还可开发一些古代护送朝廷命官的大型豪华"官舫"供游客游览观光;又如可营造靖港周围农村芦苇遍布、水鸟云集,再现古时芦江"水乡泽国"意境,并可开发"芦苇荡里放舟"特色旅游项目;丘岗地带还可广植红橘,以再现乔口至长沙橘州一带"乔口橘州风浪促"(杜甫)场景,开发橘园农业观光项目;"三体验"中的"湖湘文化旅游体验",重点是要对湖湘建筑文化、民风民俗文化、民间艺术文化、军事文化、伟人文化进行进一步挖掘与整理,如在建筑文化上要完善明清古建筑群维修工作,在民风民俗文化上要拓展节日文化,在民间艺术文化要拓展地花鼓、宏泰坊青楼文化表演艺术,在军事文化上要研究包括李靖、曾国藩在内的各朝各代在靖港的军事地位和军事行动,在伟人文化上要展现毛泽东、陶承、曾国藩等在靖港活动情况。"古代军事重镇旅游体验",要建设好曾国藩靖港水战战船展示基地和唐朝李靖驻扎基地;"现代休闲旅游体验",重点是要建设好靖港前街的休闲湖、湘江水上游、500亩生态农作物,以及各种适合现代人休闲的场所。

(二)市场开发要立足长远

靖港旅游开发属于乡村生态旅游性质。根据西方发达国家的经验,宁静幽雅的乡村往往成为国内外旅游者休闲度假的向往之地。如法国的卢瓦河谷城堡、德国的莱茵河谷乡村等,都以特色而成为旅游者的天堂。中国苏南的同里、周庄,浙江杭嘉湖平原的乌镇、西塘、南浔,乃至上海青浦的朱家角等水乡古镇,亦都是旅游者向往的胜地。作为湖南中东部广大地区唯一的国家历史文化名镇的靖港,在大力开发特色旅游产品的前提条件下,旅游客源市应同步开发,而且要立足长远,逐步提升市场层次。靖港镇的旅游细分市场,应该是初始阶段的基本层次即观光旅游市场;继而是提高层次即休闲旅游度假和购物市场;最后才是最高层次即专项和特种旅游市场,以逐步提高。在区域旅游市场方面,应该是初始阶段的本阜即长株潭城市群的城市居民;继而是周边及省内区域旅游市场,即可扩展到湘北的岳常益城市群和湘中南地区的娄邵衡永郴城市群的城市居民市场;然后依托武广高铁和快速航空条件下而可拓展至珠三角城市群和华中城市群城市居民;最后才是在突出长江中下游地区水乡风光和楚湘文化专项特种旅游产品开发的基础上,拓展至全国及国外的韩国、日本、东盟各国的观光休闲度假旅游市场,像滚雪球一样,逐渐扩大。

(三)开发与保护并重

靖港,是一个至今仍保留着原生态的高质量旅游资源和高质量旅游生态环境的中国历史文化名镇。它面向游客和市民,体现文化休闲、自然休闲和生活休闲三个主题,承担起"诗意栖居"、"文化体验"、"山水观光"的三大功能,建设好"大美靖港,快乐古镇"的"靖港古镇旅游休闲度假基地"品牌,是靖港在当代激烈旅游市场竞争中的生存发展之本。继2009年9月靖港"旅游开街"之后,今年以来又开发了首届"靖港古镇八大碗美食节"、"靖港古镇,中汽车大奖"、"世界小姐中国靖港十二金钗选美会"、"全省知名旅行社牵手靖港古镇"等主题旅游产品,足见开发力度之大。而且据说靖港古镇的首期建设中,存在着"特事特办"的现象,许多项目的报建等手续未完善。严格地讲这是不允许的,势必导致对资源环境的过度开发利用,甚至破坏。须知,我们现在吃的是祖宗饭,是历代祖宗所积累起来的特色资源和环境,而且是因为无知而破坏得差不多了所剩下来的很小一部分遗存、遗迹,如果再不好好保护,就是要作孽子孙后代了。现在最大的任务是抢救、抢修、保护。在保护的前提下开发,在不破坏资源和环境的前提下开发,以开发促保护。

第三节 大遗址保护理论下古"潇湘八景"遗产保护问题探讨

中国是世界闻名古国,为世界古文明中心之一,具有延绵不断的文明史。大遗址实证了国家、民族、地区和城市的兴亡盛衰,因此正确阐明和形象展示我国历史而在今后不能不逐步予以研究和揭示的遗存,同时也是相当一部分人生活生产的载体。在中国历史遗产保护中,大遗址保护更为重要。其理论则应成为中国特色国家遗产保护理论体系的核心。其实践是生态环境建设、经济建设的借鉴,也是文化大发展大繁荣的基础。在大遗址保护理论下对古"潇湘八景"遗产保护途径探讨,有益于湖湘文化和湖南经济的开发,有益于从现实和艺术结合角度进一步研究大遗址保护理论。

一、大遗址的本质特征及其保护意义

1. 大遗址的含义

人们通常把占地面积在5平方公里以上的范围较大、有居民生活、具有较高历史文化价值的、不可移动的地下文物遗迹称为大遗址。它的核心是遗址的不同时代和类型的文物组合、片区、历史地区,是一个区域概念。

2. 大遗址的本质特征

大遗址是历代大型工程设施遗迹及其所在的地区。其特征:一是在历史发展中具有

重要地位,规模宏大、价值重大、影响深远;二是包含多方面的综合和专业的历史信息;三是指遗址、遗址群及文化景观,即包含古今人类与自然的和谐;四是以考古学为主的综合科学认知手段。

3. 大遗址保护的意义

大遗址是中华民族文明发展史最具代表性的综合物证和弥足珍贵的文化遗产。大遗址保护既是一项文化工程,也是一项惠民工程,有利于促进优秀传统文化传承体系建设、美化城乡环境、推动经济社会协调可持续发展。

作为大规模的文化及环境遗产,大遗址是构成我国古代文明史史迹的主体,年代久远、地域广阔、结构复杂,不仅多尚存宏伟的景观,而且还有丰富的遗迹及文物。但大遗址面积大、保护难度非常大。如今,大遗址主要受着自然和人为两方面的破坏。相对于风、雨侵蚀等自然因素,人为破坏是大遗址保护面临的最大威胁。

二、古"潇湘八景"遗产的性质和现状

1. 古"潇湘八景"遗产的性质

潇湘清丽的山水、文人的诗词歌赋、潇湘特有的生活景象和淡泊宁静、返璞归真、忧国忧民、寄情山水的精神气质,共同构成了湖湘文化的主要内涵和精髓。"潇湘八景"是大自然给潇湘大地的慷慨馈赠,形成了极为壮观的"潇湘八景"文化。"潇湘八景"包括:潇湘夜雨(永州城东)、平沙落雁(衡阳市回雁峰)、烟寺晚钟(衡山县城北清凉寺)、渔村夕照(湘潭境内)、山市晴岚(湘潭与长沙接壤处的昭山)、江天暮雪(橘子洲)、远浦归帆(湘阴县城江边)、洞庭秋月(洞庭湖)。

古"潇湘八景"是超巨型的、部分正在使用的大遗产,具有极其丰富的文化和自然的内涵与景观。"潇湘八景"大遗产是一种区域性的遗产保护战略方法,它强调其文化价值的同时,关注在保护过程中的生态价值和经济价值。"潇湘八景"是一种特殊的文化资源集合,对当地人文与自然景观的保护、经济发展的提速、交通网络的建设、旅游产业的带动、传统建筑的保护与利用都能起到非常重要的作用。大遗产的构建,体现了风景的动态性、景点的连续性和遗产的叙事性,它的多维度的整合体现了当代世界遗产发展的新走向。

"潇湘八景"不是偶然形成的,而是与其蕴藏的丰厚文化分不开的。一是具有诗情画意的潇湘意象,即包含自然之美、精彩之意、传神之象;具有贬谪流放的隐喻文化,即无论是画面还是诗词,"潇湘八景"并不仅仅是单纯的潇湘自然景物的描摹,而是寄情于山水,

渗透着隐喻文化的表达;具有平远山水的禅道精神,包含淡泊宁静的精神诉求、虚实相生的无形妙境、返璞归真的自然境界。

2. 古"潇湘八景"遗产的现状分析

"潇湘八景"最早因北宋宋迪《潇湘八景图》而出名,后人纷纷效仿。关于"潇湘八景"是否存在世人并无统一说辞。经钟虹滨、唐利娟研究,"潇湘八景"是完全沿湘江流域的一条线性景观,即将原认为在沿江流域的桃源县的"渔村夕照"也纳入湘江流域。

古"潇湘八景"是复合型遗产,简单的遗址或建筑群遗产类型不足以概括其丰富内涵。它是作为湘江主题性的山水类文化景观大遗址优势明显:一方面,经过一千多年的传承与发展,"潇湘八景"诗画艺术成为了中国古代文人留下的宝贵的非物质文化遗产;另一方面,以"潇湘八景"为主题的文化景观与自然资源地沿湘江所展现出来的可视景观遗产,为"潇湘八景"主题性大遗址提供了翔实的依据。

"潇湘八景"其实还是现实与艺术相结合的产物。"潇湘八景"的出现具有文化创意成分,如"秋月"、"夕照"、"落雁"、"归帆"、"晴岚"、"暮雪"、"夜雨"、"晚钟"等,都是对景观文化韵味的升华。

三、古"潇湘八景"遗产保护途径探讨

1. 遗产管理体制问题

加强大遗址保护管理与运行机制研究,是提供大遗址保护效益、提高大遗址保护行业形象的必然要求。

国外的大遗址保护实践经过一个多世纪的发展之后,形成了较为成熟的保护观念和系统的保护方法与管理制度,值得我们借鉴和学习。比如法国米迪运河的保护、加拿大里多运河的保护和英国哈德良长城遗址管理等。这些大遗址保护规定了管理部门和沿线乡镇的保护和维护职责,制定了完整的保护措施。

古"潇湘八景"这一历史文化遗产的保护,存在着时空跨度大、部分活态跨多个行政区域等特点。做好其保护工作,需要摸清"潇湘八景"家底现状、价值评估、规划编制、检测管理等工作。这就需要湖南有关方面成立相应的机构,配备班子和人员,建立健全管理体制,高效开展工作。

2. 科技支撑

随着科技发展、信息技术的进步,如地理信息系统(CIS)、遥感(RS)、全球定位系统(GPS)、虚拟现实(VR)等信息技术的出现,并辅以通信技术,文化遗产数据采集、现场量

测、关联分析、动态存储、高效管理、三维显示、宣传展示等方面形成优势,从而有力地推动文化遗产保护向纵深和广度发展。

3. 划定各类保护区,明确各类保护对象

要为"潇湘八景"提供一个特殊的区域和总体规划。将"潇湘八景"分为核心区、拓展区两部分。核心区保护八个景点所在地的遗产中心区域,包括近景、中景、远景以及与湘江、洲屿的关系,范围内涉及的与景点有直接关联的景观与建筑。拓展区包括所在县、市国家级、省级、市县级文物保护遗产点。目前从永州至岳阳"潇湘八景"所在的7个县市有许多国家级、省级文物保护点,其中仅长沙市就有国家级文物保护点5个,省级文保点5个;衡阳市国家级文保点2个,省级文保点12个。遗产区域的拓展,能带动地方其他遗产的保护,发展旅游事业,促进"潇湘八景"文化的传播。

4. 进行大规模抢救和综合性保护

抢救大遗址必须有相当规模,必须集中发挥有限的专业力量的主导作用,组织好大规模的多方面的投入。

大遗址保护,就是以价值为核心与驱动的保护,就是以大遗址为核心的区域保护,就是以考古遗迹及其重要性的发展与认知为基础的大遗址保护。因此,要着力推动大遗址保护由部门行为变成战略行动,由传统的"为专家而保护"为"为城市和市民而保护",变静态保护为动态保护,由单体保护为整体保护。

参考文献

1. 湖南,百度百科.

2. 湖湘文化,百度百科. http://baike.baidu.com/link？url＝G_t4wpD1OV7CZbyAnbV.

3. 2012 年长沙文化产业发展报告. 长沙市统计局,2013.

4. 2012 年湖南省文化产业运行情况分析. 中商情报网. http://www.askci.com/,2013.

5. 李国斌. 文化强省:2012 年文化事业和文化产业发展聚焦. 湖南日报,2013－02－03.

6. 2012—2016 年湖南省文化产业市场环境调查分析报告. 中国行业咨询网. http://www.china－consulting.cn.

7. 巴音朝鲁率团赴湖南就文化产业发展情况进行考察. 中华人民共和国中央人民政府网. http://www.gov.cn/,2012－06－08.

8. 易斌. 高职《导游实务》课程"旺进淡出、一式三化"实践教学模式研究. 中国科教创新导刊,2013(8).

9. 易斌. 浅论湖南山水文学的旅游价值. 中国市场,2008(4).

10. 易斌. 试论非物质文化遗产的本质. 职业时空,2007(10).

11. 易斌. 培养湘菜人才. 提升湘菜文化品位. 山东文学,2008(5).

12. 易斌. 试论旅游专业的人文特质. 今日科苑,2007.

13. 易斌. 运用旅游诗词画联、提升旅游景点文化品位. 科技信息,2008(4).

14. 蔡红,李平生. 北京旅游业新业态:理论创新与实践发展. 北京:中国经济出版社,2013.

15. 覃业银. 湖南新化紫鹊界梯田的遗产旅游价值分析. 经济视野,2012(9).

16. 覃业银. "原真性估值法"是遗产旅游价值评估的有效方法——以长沙马王堆汉墓为例. 中国经贸导刊,2009(6).

17. 覃业银. 基于级差最大化组合方式的立体生态旅游开发构想. 湖南社会科学,2012(1).

18. 覃业银、陈超群. 湖南省遗产旅游开发研究. 南北桥,2009(3).

19. 钱基博. 湖南近百年学风. 长沙:岳麓书社,1985.

20. 林增平. 近代湖湘文化试探. 长沙:湖南人民出版社,1988.

21. 朱汉民. 湖湘文化三谈. 长沙:湖南大学出版社,2002.

22. 王耀中,李金龙. 湖湘文化的开放性及其现实意义. 湖湘文化论坛.

23. 邓洪波. 宋代湖南书院与湖湘文化的形成. 湖湘文化论坛.

24. 林增平. 近代湖湘文化试探. 湖南大学文史研究所.

25. 饶怀民. 近代湖湘文化的源流、结构及其特征. 湖南师范大学文史研究所.

26. 刘克利. 湖湘文化的优秀精神传统. 湖湘文化论坛.

27. 邱德玉. 中国旅游文化. 北京:科学出版社,2009.

28. 余秋雨. 文化苦旅. 北京:知识出版社,1992.

29. 钟文音. 巴黎情人. 北京:中国旅游出版社,2005.

30. 吴丽云,侯晓丽. 影视旅游者旅游动机研究. 人文地理,2006.

31. 王丽波,刘华. 影视文化对旅游目的地的促销作用分析. 市场论坛,2007.

32. 周慧颖,黄远水. 影视作品对旅游业发展的促进作用. 桂林旅游高等专科学校学报,2005.

33. 陈德述. 论毛泽东诗词中山水意象的审美意蕴. http://www.foyuan.net/article-147919-1.html,2013.3.

34. 蒋益. 湖湘诗歌之路. 长沙大学学报,2010(11).

35. 吴晓隽. 文化遗产的真实性困境研究. 思想战线,2004(2).

36. 朱建安. 世界遗产旅游发展中的政府定位研究. 旅游学刊,2004(4).

37. 徐静,施维克. 论旅游规划中的平衡关系. 规划师,2004(1).

38. 张朝,保继刚. 国外遗产旅游与遗产管理研究——综述与启示. 旅游科学,2004(12).

39. 李贻衡,彭子诚. 中国湘菜大典. 北京:中国轻工业出版社,2008.

40. 姚永春. 长沙老字号,长沙:湖南地图出版社,2009.

41. 邹蓉. 紫鹊界:"水车"边的高山古梯田. 潇湘晨报,2008.

42. 肖曾艳. 湖南紫鹊界梯田申请世界遗产SOTW分析. 云南地理研究,2009.

43. 王京传. 城市旅游发展中的文化开发. 中国旅游报,2005.

44. 刘颂,城市旅游可持续发展思路探讨. 国土开发与研究,1999.

45. 吴志强,吴承照. 城市旅游规划原理. 北京:中国建筑工业出版社,2005.

46. 李蕾.城市旅游形象设计探讨.旅游学刊,1998(1).

47. 邓爱民.对城市旅游形象的思考.中南财经政法大学学报,2004.

48. 厉以宁,等.区域发展新思路.北京:经济日报出版社,1999.

49. 弗朗索瓦·佩鲁.增长极概念.经济学译丛,1988.

50. 杨载田.湖南旅游研究.北京:中央编译出版社,2004.

51. 湖南乡镇企业局、农业产业化服务局网.

52. 杨载田.湖南乡村旅游发展研究.北京:华龄出版社,2006.

53. 杨梅.乡村旅游的扬弃与后工业化主题产品设计.重庆工学院学报,2005.

54. 杨载田.中国旅游地理.北京:科学出版社,2004.

55. 吴必虎,等.中国城郊型休闲农业吸引物空间布局研究.海峡两岸观光休闲农业与乡村旅游发展学术研讨会论文集,2002.

56. 郭焕成,等.海峡两岸观光休闲农业乡村旅游发展.徐州:中国矿业大学出版社,2004.

57. 韩燕平,冯智雄.湘菜美食旅游.杭州:浙江大学出版社,2012.9.

58. 生态旅游名镇——壶瓶山镇.壶瓶山镇人民政府网,2009.

59. 皂市水库旅游综合开发.华夏经纬网,2005.

60. 王钟鸣.如何在大湘西旅游经济协作区避免边缘化.常德日报,2009.

61. 杨佳华,王跃华.生态旅游保护开发新思路.经济地理,2000.

62. 颜文供,张朝枝.旅游环境学.北京:科学出版社,2005.

责任编辑：张　萍

图书在版编目(CIP)数据

文脉、史脉、地脉与湖南旅游产业的融合研究 / 易斌著. -- 北京：旅游教育出版社,2014.5

ISBN 978-7-5637-2919-7

Ⅰ.①文… Ⅱ.①易… Ⅲ.①旅游业发展—研究—湖南省 Ⅳ.①F592.764

中国版本图书馆CIP数据核字(2014)第072687号

文脉、史脉、地脉与湖南旅游产业的融合研究
易斌 著

出版单位	旅游教育出版社
地　　址	北京市朝阳区定福庄南里1号
邮　　编	100024
发行电话	(010)65778403 65728372 65767462(传真)
本社网址	www.tepcb.com
E - mail	tepfx@163.com
印刷单位	北京京华虎彩印刷有限公司
经销单位	新华书店
开　　本	787毫米×1092毫米　1/16
印　　张	10.25
字　　数	180千字
版　　次	2014年5月第1版
印　　次	2015年12月第2次印刷
定　　价	38.00元

(图书如有装订差错请与发行部联系)